大 学 问

始 于 问 而 终 于 明

守望学术的视界

## CONCUBINES IN COURT

*Marriage and Monogamy in Twentieth-Century China*

实践社会科学系列 019
黄宗智 主编

# 法庭上的妇女

### 晚清民国的婚姻与一夫一妻制

[美]陈美凤 著

赵珊 译

GUANGXI NORMAL UNIVERSITY PRESS
广西师范大学出版社
·桂林·

法庭上的妇女：晚清民国的婚姻与一夫一妻制
FATING SHANG DE FUNÜ：WANQING MINGUO DE HUNYIN YU YIFUYIQIZHI

Concubines in Court: Marriage and Monogamy in Twentieth-Century China
Published by agreement with the Rowman & Littlefield Publishing Group through the Chinese Connection Agency, a division of Beijing XinGuangCanLan ShuKan Distribution Company Ltd., a.k.a Sino-Star.

著作权合同登记号桂图登字：20-2024-166 号

### 图书在版编目（CIP）数据

法庭上的妇女：晚清民国的婚姻与一夫一妻制 /（美）陈美凤著；赵珊译. -- 桂林：广西师范大学出版社，2025.2. -- （实践社会科学系列 / 黄宗智主编）.
ISBN 978-7-5598-7586-0

Ⅰ. D923.902

中国国家版本馆 CIP 数据核字第 2024X53G30 号

广西师范大学出版社出版发行

（广西桂林市五里店路 9 号　邮政编码：541004）
网址：http://www.bbtpress.com

出版人：黄轩庄

全国新华书店经销

广西民族印刷包装集团有限公司印刷

（南宁市高新区高新三路 1 号　邮政编码：530007）

开本：880 mm ×1 240 mm　　1/32

印张：8.75　　　字数：195 千

2025 年 2 月第 1 版　　2025 年 2 月第 1 次印刷

印数：0 001~5 000 册　　定价：89.00 元

如发现印装质量问题，影响阅读，请与出版社发行部门联系调换。

# 中文版序

从许多方面来看,这部中译本是拙作自 2015 年首次以英文出版以来的一系列译本中的最新版本。该书的首次翻译发生在我将收集到的中文原始材料翻译成英文的时候。从事翻译工作的人都知道,这不仅需要熟悉语言习惯,还需要对语言中所蕴含的文化和历史内涵保持敏感,而这些内涵塑造了读者从中发现意义的概念轮廓。拙作英文版主要面向美国读者,所反思的假设和议程反映了西方的知识遗产和知识结构。

拙作的中文译本让我意识到读者群体的变化。书中对"妾"和"一夫一妻制"这两个核心术语的讨论,在用中文翻译时呈现出不同的含义。这两个英文单词有许多种中文译法,而拙作的中译本更好地捕捉到了与这些关键术语相关的细微差别和内涵。相反,英文中的"妾"(concubine)和"一夫一妻制"(monogamy)这两个词语所蕴含的根植于西方文化传统的联想,对中国读者来说可能并不明显。所有这些都表明,翻译文本不应被视为原文的复制品,而应被视为对原文的一种解释。

  我要向赵珊表示最深切的感谢，为了使我的书更容易被中国读者阅读和理解，她熟练地翻译了拙作原稿。特别感谢白凯（Kathryn Bernhardt）教授，是她的指导和训练成就了今天的我。我很幸运地成为她和黄宗智（Philip Huang）教授在加利福尼亚大学洛杉矶校区培养的学生中的一员，也感谢他们为我提供了分享研究成果的机会。

陈美凤（Lisa Tran）

2023 年 12 月 5 日

# 致　谢

如果没有那些一路帮助过我的人的指导和支持,这本书永远不会完成。本书的构思始于白凯和黄宗智的指导,他们对中国法律史的开创性研究,使我和其他许多人的工作成为可能。作为学者,他们促使我以更精确、更清晰和更深入的方式思考和写作。特别感谢林恩·亨特(Lynn Hunt)、史书美(Shih Shu-mei)和米莉亚·西尔弗伯格(Miriam Silverberg 1951—2008),他们阅读了本书的初稿,向我介绍了构思我的研究的不同方式,鼓励我进行跨文化和跨学科的思考。当然,如果没有塞缪尔·山下(Samuel Yamashita),这一切都不可能实现,他是波莫纳学院(Pomona College)迄今为止最好的本科生导师和教员。

许多组织为本书的研究和写作提供了慷慨的支持。美国哲学学会的富兰克林研究基金使我得以回到中国收集更多材料,美国学术团体协会的奖学金使我得以完成书稿。加州州立大学富勒顿校区的校内资助在不同阶段支持了本项目。美国国际教育协会的富布赖特奖学金、蒋经国基金会和亚洲研究协会中国与内亚理事会的旅行资助,以及加利福尼亚大学洛杉矶校区的校长奖学金资助了本项目的早期阶段。

在整个项目过程中,我得到了许多人的帮助。中国政法大学的朱勇不遗余力地帮助我在中国开展研究。北京市档案馆的工作人员特别乐于助人,使我在那里度过了迄今为止最有成效和最愉快的时光。熊秉真(Hsiung Ping-chen)也为我获得在中国台湾进行研究的机会和资源提供了宝贵的信息。白凯、黄宗智、胡宗绮(Jennifer Neighbors)、苏成捷(Matthew Sommer)、白德瑞(Bradly Reed)、马克梦(Keith McMahon)和蓝梦琳(Patricia Thornton)在不同阶段对本书的早期版本发表了评论。他们的建议及罗曼和利特菲尔德出版社(Rowman & Littlefield)邀请的匿名审稿人的建议,极大地改进了这本书,但其中的疏失仍由我负责。我要感谢孙来臣(Laichen Sun)与我分享了他对特定中文术语细微差别的见解,感谢莱拉·赞德兰(Leila Zenderland)帮我想出了这本书的书名。最后,我要感谢苏珊·麦克埃彻恩(Susan McEachern)与罗曼和利特菲尔德的编辑团队将我的书稿付梓。

多年来,研究生期间结识的一些朋友已经成为一生的挚友。胡宗绮、樊德雯(Liz Vanderven)、宋雅兰(Elena Songster)和何若书(Denise Ho)与我进行了数小时的畅谈,内容涉及方方面面。虽然我们现在分散在全球各地,但当我们在会议或档案馆中相遇时,其间的岁月似乎都消失了。在这群人中,我们深深怀念诺姆·阿普特(Norm Apter 1973—2014)。

本书中的一些材料先前已经发表,并已获得再版许可。第二章关于1914年补充条例的部分和第三章关于作为家属的妾的部分的早期版本,曾出现在我的文章"The Concubine in Republican China: Social Perception and Legal Construction"(*Etudes Chinoises* 28 [2009], pp. 119—150)中。第二章关于民国初年法律中纳妾与婚姻的区别的部分与第三章关于纳妾是通奸的部分,曾出现在我的文章"Adultery, Bigamy, and Conjugal Fidelity: The ABCs of Monogamy in Republican China"(*Twentieth-Century China*, vol. 36, No. 1 [2011], pp. 99—108)中。我发表在黄宗智和白凯主编的 *Research from Archival Case Records: Law, Society, and Culture in China* 中的文章"Ceremony and the Definition of Marriage under Republican Law"中的材料,见第六、七章。

# 目　录

## 第一章　法律和社会历史中的纳妾　1
跨文化翻译　4
身份和自主性　6
法律是社会和文化变迁的反映　10
法律方法　14
研究概况　17
资料来源　19

## 第二章　民国早期法律中的纳妾　23
法律和习俗　24
民国早期:清代到国民党法律的桥梁　26
民国早期法律中纳妾与婚姻的区别　29
纳妾的法律适用　31
地方审判厅的混乱　36
民法中的妻妾并论　38

第三章　民国中期法律中的纳妾　42
　　纳妾作为通奸的法律建构　44
　　妾作为家属的法律建构　57

第四章　民国早期和中期法律中家属的利益　65
　　任意驱逐　67
　　扶养　81

第五章　民国早期和中期法律中的脱离关系和扶养　90
　　妾脱离关系的权利　91
　　脱离关系后的扶养　97

第六章　民国早期和中期法律中婚姻和纳妾的界限　118
　　社会实践中的仪式　119
　　民国早期法律中的仪式　127
　　民国早期纳妾的法律空间　134
　　1929—1930年民法典中的仪式　139
　　从同意到共犯　143

第七章　法律形式主义意外承认纳妾构成重婚　148
　　妾被赋予妻的身份　150
　　仪式要求和地方风俗　159
　　没有仪式,就没有婚姻　160
　　动机和利益　164

第八章　法律实用主义下的纳妾　175
　　比较视野下的婚姻和婚姻立法　177
　　纳妾作为重婚的法律建构　186
　　事实婚姻与同居的法律区别　190
　　作为事实婚姻的纳妾　195

第九章　法律实用主义下的纳妾案件处理　199
　　已有的纳妾案件　200
　　新的纳妾案件　205
　　离婚　208
　　宣传与现实　221
　　纳妾的消失？　223
结　论　225
纳妾　226
妾　229
法律　231


参考文献　235
译后记　264

# 第一章　法律和社会历史中的纳妾

2001年,中国修订了婚姻法,首次纳入了"禁止有配偶者与他人同居"的规定。尽管该法采用了性别中立的措辞,但它主要针对的是那些为其情妇建立独立家庭的已婚男子,这是近几十年来日益增多的社会现象,受到媒体的广泛关注。事实上,中国媒体的头条新闻都对婚外情的增加表示失望,例如"包二奶"现象。"包二奶"指的是富裕的已婚男子养"第二个妻子"的做法。禁止与已婚者非法同居反映了立法者试图遏制这种做法,以维护一夫一妻制的理想。然而,新条款含糊其辞,没有明确这种行为是否构成通奸或者重婚。

这种模棱两可在很大程度上源自中文短语"一夫一妻制"的双重含义。虽然"一夫一妻制"的字面意思是"一男一女结为夫妻、互为配偶的制度",但它也包含了性忠诚的含义。从最基本的意义上来讲,一夫一妻制意味着一个人在同一时间只能和一个人结婚,就像英语版本中的希腊词根"gam"和中文版本中"夫"与"妻"的搭配所暗示的那样。从这种意义上来讲,中国法律长期坚持一夫一妻的原则。然而,从20世纪初开始,一夫一妻制也获得了夫妻忠诚的含义,长期以来允许男性婚外性行为的习俗现在被视为违反了一夫一妻制原则(Tran 2011)。在这方面,当代关于"包二奶"做法的讨论呼应了民国时期(1912—1949)关于纳妾的争论。事实上,"包二奶"趋势的批评者谴责这是纳妾制的死灰复燃,引起人们对这二者的半婚姻特征的关注。

尽管世界各地的许多文化中都曾有纳妾的习俗,但其形式各不相同。根据地理和历史背景,妾可以被认为是第二个妻子、情妇、仆人或者奴隶。纳妾有时被定义为同居或者事实婚姻,介于合法有效的婚姻和偶然的性接触之间。虽然该女子始终未婚,但那名男子通常已经和别人结婚了。与妓女不同的是,妾与该男子生活在一起,要么与他的妻子住在同一个家里,要么住在由该男子提供的单独住所里。她的孩子虽然是非婚生子女,但通常被认为是该男子的合法继承人。在大多数方面,当代的"包二奶"做法反映了传统的纳妾习俗。

尽管"一夫一妻制"一词在20世纪初关于纳妾的辩论和当代关于"包二奶"现象的讨论中被广泛使用,但其具体含义和法律后果各不相同。一些人援引一夫一妻制的理想,坚持认为对于娶"二房"的做法应该按照关于重婚行为的规定进行惩罚。另一些人则将一夫一妻制解释为夫妻忠诚,并强调已婚男子与另一名女子同居关系的性本质。一夫一妻制的双重含义源于对婚姻和性之间关系的新理解,这种理解最初出现在20世纪初关于纳妾的讨论中。

与帝制晚期对"一夫一妻"的理解形成鲜明对比的是,民国时期的一夫一妻制不仅意味着一次与一个人结婚,而且意味着与一个人发生性关系。此外,这个词语在民国时期的用法既适用于男性,也适用于女性。由于没有出现新的中文术语来表明这些微妙的意义变化,所以英文翻译中的"夫妻忠诚"(conjugal fidelity)被用来表达民国时期一夫一妻制隐含的新含义。一夫一妻制的这种新的中性含义,使得20世纪持续在法律上容忍纳妾的做法站不住脚。

在民国时期,一夫一妻制作为一种新理想的出现并没有像平等原则那样受到学术界的关注(Wang 1999;Kuo 2012)。在很大程度上,一夫一妻制的理想更多地与1949年后的性话语联系在一起,而不是与其在民国早期的起源相关(Evans 1997)。但也有一些值得注意的例外。白凯和葛思珊(Susan Glosser)在各自的书中强调,一夫一妻制是民国时期一种新的法律原则和社会价值(Bernhardt 1999;Glosser 2003)。

以这些过去的研究为基础,并对我以往的研究进行拓展,本书认为民国早期、国民党时期和中国共产党的法律都支持一夫一妻制的现代理想;然而,一夫一妻制的法律承诺以截然不同的方式塑造了他们的纳妾观。在民国早期,法学家试图调和对一夫一妻制的承诺和对纳妾的继续容忍,方法是简单地否认两者之间有任何关系;一夫一妻制在清代被定义为即使依次与不止一人结为夫妻,由于法律并不将妾视为妻子,有妾的已婚男子也并不违反法律。国民党立法者还将一夫一妻制定义为一次只与一人结婚,并否认纳妾构成婚姻。然而,他们承认纳妾的做法确实破坏了在公共话语中依附于一夫一妻制概念的夫妻忠诚的价值。他们的解决办法是将纳妾视为通奸。中国共产党也谴责纳妾是对一夫一妻制的破坏，然而他们将其视为重婚。与民国早期和国民党对妾的看法不同，中国共产党在法律上没有对妻和妾进行区分。在中国共产党的眼里，一名有妻有妾的男子是娶了两位女子，因此是重婚者。通过比较民国早期、国民党和中国共产党法律下一夫一妻制对纳妾的法律影响，可以揭示一夫一妻制和纳妾在20世纪的不同含义。

## 跨文化翻译

刘禾（Lydia Liu）指出，翻译行为必须被历史化（Liu 1995；2004：31—107）。"一夫一妻制"的翻译并没有脱离历史现实，而是根植于20世纪初的地缘政治背景中。清朝在不平等条约中被迫向列强让步的治外法权为法律改革提供了动力，最终中国在20世纪10年代至20世纪30年代颁布了新的法典，建立了新的司法机构（Xu 2008；Huang 2001：15—48）。正如洋务运动（1861—1895）、五四运动（1915—1925）和新生活运动（1934—1935）所表明的那样，当时中国的知识分子和官员从儒家传统和西方模式中寻找改革的灵感，希望能使中国在国际社会中与其他国家处于平等地位。最近关于晚清和民国时期法律改革的研究强调了具有持续影响力的帝制晚期的观念与被广泛接受的西方法律标准之间的紧张关系（Bernhardt 1999；Huang 2001；Neighbors 2009）。

就被中国改革者视为"现代"理想的一夫一妻制而言，使用一个现有的短语来表达一个新的概念使问题变得复杂。虽然表示制度的词语"制"被添加到帝制晚期的短语"一夫一妻"中,以突出其"现代"的含义,但经过修改的短语"一夫一妻制"继续被用来指代其在清朝时的旧含义。在世纪之交关于婚姻和性的讨论中,"一夫一妻制"的不同内涵反映了新旧话语的交汇。在法律界,这个词保留了其帝制晚期的含义;与清代一样,民国的立法者将"一夫一妻制"解释为一次与一人合法结婚。然而,蓬勃发展的民国媒体在公开讨论婚姻和性时引用"一夫一妻制"一词,反映了人们对"夫妻忠诚"一词的新理解。总之,与一夫一妻制相关的婚姻和性的内涵共同构成了一夫一妻制的现代含义(Tran 2011)。

在很大程度上,过去的学术研究忽视了"一夫一妻制"的语言演变,其结果是民国时期人们对婚姻和性之间关系的看法的重要转变也被忽略了。20世纪的纳妾历史为我们提供了一个独特的有利视角来看待这些变化。在民国,法律和社会对纳妾的看法发生了巨大变化,这对为人妾室的妇女和有妾的家庭产生了重要的影响。在清代,纳妾占据了合法婚姻和婚外性行为之间的中介空间。然而,在民国,对这一空间的保留被证明与对一夫一妻制理想的明确承诺不相容,这就要求纳妾要么被认定为合法婚姻(因此属于重婚),要么被定义为婚外性关系(因此属于通奸)。对于一个做妾的女子来说,纳妾的法律概念的转变重新定义了她与和她交往的男子及其家属的关系。法律以及国家如何界定妾的地位,决定了她可以合法要求哪些权利。与性别、阶级和亲属关系一样,法律也影响着妾能够行使其自主权的程度。

## 身份和自主性

在大多数情况下,妾并没有像正妻——特别是上层阶级的正妻那样,成为任何有关妇女自主性探讨的焦点。事实上,关于正妻自主性的证据往往突出了妾的受害情况。在由女性掌管的内院中,妾通常被描绘成强势的正妻的配角,她们讨好正妻并服从其命令(Ebrey 1993:167;Bray 1997:351—358;Ko 1994:106—112)。即使是专门针对妾的研究,有时也认为她们的受害是理所当然的(Jaschok 1988;Watson 1991)。

将妾视为受害者的刻板印象的持续存在,源于过去大多数研究中隐含的两个观点:(1)妾在其家长家庭中的边缘地位;(2)女性的自主性与其亲属地位之间的假定关系。过去的许多学术研究倾向于将妾与家长家庭关系的模糊性解释为她被排除在亲属关系结构之外,而在很大程度上忽视了妾可以通过其他途径获得婚姻和母亲的身份。传统观点普遍认为,在一个由亲属关系组织和授权的社会中,否认亲属关系构成了自主性的丧失。然而,正如白凯对妾的研究所表明的那样,与其说是亲属关系无关紧要,不如说是它的重要性有所不同(Bernhardt 1994:209—213;1999:161—195)。

和大多数社会一样,婚姻和母亲身份是中国成年女性融入亲属制度的主要方式;然而,女性的婚姻和为人母的经历的具体性质取决于她在家庭中的地位。因为在法律和社会的眼中,只有正妻才能成为婆婆和祖母,所以妾会发现自己实际上被排除在女性等级制度的更高级别之外。然而,妾以不同的方式被纳入了亲属关系结构,她也承担了许多作为妻子和母亲的责任。和正妻一样,妾也要履行许多与婚姻有关的义务。毕竟,妾的主要职责是生育继承人。正是由于她在传宗接代中的作用,妾在某种程度上不能不被视为亲属;她的孩子们被赋予的合法性正式承认了她与家长的亲属关系,这将男子与其妾的性关系和他与其他女子的关系区分开来。事实上,清代法律以乱伦为由禁止男性与其亲属的妾发生性关系,在某种程度上隐含着视妾为近亲的意思(《大清律例》:368.3;368.4)①。与其试图将妾纳入人们熟悉的女儿、妻子和母亲的范畴,或者完全忽视妾对亲属关系的独特而脆弱的要求,也许理解妾与其家长及其家庭的模糊关系的关键在于这两者之间。

尽管白露(Tani Barlow)的分析中并没有出现妾,但她对"女性"这一范畴的话语谱系的讨论,提供了一种理解妾如何获得亲属身份所带来的权利和特权的方法。白露认为,在帝制晚期的中国,作为一名女性意味着要表现得像得体的女儿、妻子或母亲;依附于亲属关系而非生物学决定论的礼仪制度产生了女性的主体性。白露对礼仪的使用暗示了一套社会编码的、基于亲属关系的行为被定义为"礼",它构成了"一系列效应",使男女之间以及不同类型的女性——女儿、母亲和妻子之间的区别自然化(Barlow 1991)。强调行为是性别身份的组成部分,意味着妾可以通过遵守作为妻子和母亲的"礼仪"而成为妻子和母亲。

最近的学术研究强调了妾以白露所描述的方式逐渐融入亲属

---

① 所引《大清律例》全部基于薛允升的《读例存疑》(1970)。

关系网络（Waltner 1996；Katkov 1997；Bernhardt 1999：163—178）。随着妾越来越融入婚姻家庭的亲属网络，她获得了新的权利和保护。正如白凯的研究所证明的那样，忠贞和母亲身份有时可以让妾获得一些正妻的权利和特权。在唐代（公元618—907年）和宋代（公元960—1279年），母亲身份有时可以赋予妾在财产和继承问题上有限的发言权。明清时期，法律放宽了对正妻和妾的区分，标志着妾与其家长的亲属关系从母亲的角色转变为妻子的角色；简而言之，妾变成了小妻。从明代开始，正妻与妾之间的距离缩小了，这体现在取消了禁止在正妻死后将妾扶正为妻的限制。到了清代，国家支持的贞洁崇拜使忠贞的妾在其家长和正妻去世后能够监管整个家庭的财产，并为她已故的丈夫指定一位继承人，这是法律专门保留给正妻的权利，在某些情况下却传给了妾（Bernhardt 1999：163—178）。在宋代，妾的生母身份使她在家长和正妻死后只能有限地享有正妻的权利，但在清代，妾对财产和继承事宜的控制源于她作为贞洁寡妇的身份。在帝制晚期，用白露的话来说，妾可以通过遵循生育和忠贞的礼仪来获得正妻的特权。

明清法律含蓄地将妾作为小妻纳入其家长的亲属关系结构，而国民党法律①明确拒绝这种关系。在20世纪的新社会环境中，国民党的立法者如果希望坚持一夫一妻制的原则，那么就不能再承认纳妾是一种半婚姻性质的结合。在法律上，妾不再被视为小妻，而是成为家属。正如白凯的研究所证明的那样，法律承认妾是家属，对她在家长家庭中的地位及其获得赡养和财产的权利具有

---

① 按：国民党政府法律，下文同。同理，本书中的"国民党"指代"国民党政府"，"中国共产党"指代"中国共产党政府"。

重要作用(Bernhardt 1994:209—212;1999:189—191)。根据国民党法律,明确否认妾的亲属身份,改变而非限制了妾的选择范围。

在法律上,虽然国民党将妾排除在其家长的亲属关系结构之外,但中国共产党将其作为与正妻地位平等的妻子纳入这一结构之中。中国共产党法律承认纳妾是事实婚姻,这赋予了妾作为小妻的社会身份以法律地位。至少在理论上,被法律承认为妻子的妾有权享有与正妻相同的权利和保护。

从帝制晚期到20世纪中叶对纳妾的法律处理方式的变化表明,妾行使自主权的程度源于法律如何界定她与家长关系的性质。从法律的角度来看,这种关系在20世纪经历了重大变化。清代法律认为这是一种半婚姻关系。民国早期法律和国民党法律从家属的角度重新定义了这种关系。中国共产党法律将纳妾归为事实婚姻,承认其具有法律效力。妾可以主张何种权利,取决于法律认为她是小妻、家属还是合法的妻子。

在大多数情况下,关于纳妾的学术讨论并没有延续到20世纪,更没有跨越1949年的分水岭,使人们误以为纳妾的传统习俗在"现代"中国不再重要(Bray 1997;Ebrey 1993;Hsieh 2014)。但正如白凯的研究所表明的那样,民国并没有终结纳妾的历史,而是扩大了叙事范围。20世纪早期见证了纳妾的概念重构,从清代的半婚结合,到国民党法律下的通奸,再到中国共产党法律下的重婚。

## 法律是社会和文化变迁的反映

如果我们像通常那样将纳妾归类为重婚或者通奸,就忽略了20世纪之前纳妾的悠久历史,当时它既不被认为是重婚,也不被认为是通奸。尽管纳妾与婚姻有种种相似之处,但只要法律不承认这种结合是婚姻,纳妾就不被视为重婚。尽管男子与其妾的关系具有明显的性本质,但它也不被视为通奸。相反,帝制晚期的法律要么含蓄地容忍纳妾,要么公开地认可纳妾。

帝制晚期法律对纳妾的处理反映了儒家思想的影响,为其提供了道德正当性。儒家对祖先、父系和孝道的重视,使所有男子都有延续家族血统的道德义务。无后而终是最大的耻辱。如果没有男性后代继承父系并延续祭祀祖先的仪式,男子就无法履行他最重要的孝道义务。历朝历代的法典都呼应了儒家的纳妾理论,最终在男子的家族面临灭绝的情况下允许其纳妾。元代法典中有一条新规定,实际上允许了年满四十岁仍无子的男子娶妾(Bernhardt 1999:161—162,脚注1)。

然而,成文法所允许的情况和社会现实中所存在的情况是两码事。虽然法律的变化反映了国家试图按照儒家的理念来规范纳妾,但纳妾的实践,尤其是在精英阶层中,表明男性找妾的原因不仅与儒家思想无关,而且违背了儒家的许多基本原则,即谦虚、谦卑和自我牺牲。那些拥有妾室或渴望拥有妾室的男子将纳妾视为对他们的政治影响力、经济财富、社会威望和性能力的一种炫耀

(McMahon 2009)。在一个以父权制和父系原则为基础的社会中,还有什么比小妾和儿子成群更能证明一个男人的富裕和权力呢?此外,考虑到婚姻是包办的,纳妾为不满父母选择的丈夫提供了为自己选择更符合自身喜好的女子的可能性。对妻子来说,妾也可以成为受欢迎的家属,因为她可以将那些自己不喜欢的活计交给妾来做。

尽管在道德上采取了相反的姿态,帝制晚期的法律还是容忍了纳妾,甚至为这种习俗提供了一定程度的法律保护。法律规定只有四十岁以上的无子男性才能纳妾所依据的儒家前提,使这种做法具有一定程度的道德合法性,直到20世纪,这种合法性在很大程度上一直没有受到挑战。官员们甚至援引了一种新的儒家学说来支持纳妾。谢宝华(Bao Hua Hsieh)指出,官员们把遭受饥荒和自然灾害重创的地区买卖贫困家庭的年轻女孩和妇女的行为描绘为"仁慈的"(2008)。这些官员们认为,纳妾可以减轻那些苦苦挣扎的父母的负担,并为女性提供改善命运的可能性。替丈夫纳妾在儒家话语中也被称为正妻的职责。伊沛霞(Patricia Ebrey)讲述了一些无子的妻子为丈夫挑选妾室的故事(1993:220—221)。这些故事称赞这些女性将丈夫及其所代表的父系利益置于自己的个人感情之上。

随着时间的推移,纳妾越来越像婚姻,这是帝制晚期法律欣然承认的社会现实。许多法律法规中频繁出现"妻"与"妾"的组合,标志着法律承认纳妾是一种半婚结合。然而毫无疑问的是,纳妾在法律上不构成婚姻,因此法律禁止的重婚根本就不是问题。同样,由于历代法典都将通奸定义为只针对女性的罪行,因此至少从法律的角度来看,不能说已婚男子与其妾发生性关系就犯有通奸罪。到了清代,纳妾已经是一种根深蒂固的社会习俗,甚至可以说受到法律的保护。

20世纪初,随着西方势力在亚洲的扩张和深化,这一切都开始改变。除了枪支和工厂,西方国家还带来了他们的价值观,这引起了中国和其他地方的许多改革者的共鸣。五四运动体现了这种对当时被视为"西方现代性"的东西的热情拥抱,顺便说一句,这种"现代性"经常通过日本来传播和翻译。不可否认,西方在亚洲的存在释放出了具有变革性甚至革命性影响的力量。任何关于清末法律改革的讨论都必须承认,西方(以及19世纪末的日本)对治外法权的要求,在促使中国官员修改并最终更新那部历经过去四个王朝的法典方面发挥了作用。

1898年百日维新时的一项提案,在几十年内都没能实现。诚然,政治革命和内部战争扰乱了法律改革进程,但立法者之间缺乏共识也导致了拖延。直到20世纪20年代末,法官们在审理案件时仍然依赖于《大清现行刑律》中的"民事有效部分"和1912年颁行的《暂行新刑律》。国民党完成了法律改革的任务,在1928年颁布了新的刑法,此后不久又颁布了新的民法典。显然,国民党立法者对这部新的刑法典的某些方面感到不满,又于1935年颁行了修订版。在此期间,中国共产党也在其控制的农村地区颁布了各种法规。

在国民党控制的中国部分地区,立法者通过公布法律草案和关键的立法会议纪要,让公众充分了解情况。区域性和地方性报纸以及专题杂志也经常(有时是每天)报道立法进展情况,即使是在那些远离大都市中心或国民党管辖范围之外的地方，也能随时了解情况。除了新闻报道，期刊还刊登短篇小说、诗歌、漫画和建议专栏，指出需要法律解决的社会问题。20世纪初，期刊的大量涌现，加之妇女和下层阶级更容易接受教育，识字率不断提高，使阅读人群扩大到前所未有的规模(Cong 2007；VanderVen 2012)。读者通过发表评论、写信和为特定法律进行游说来作出回应。妇女团体特别积极地带头开展要求妇女平等的运动(Edwards 2008；Tran 2009a)。与他们的前任相比，民国的法学家们发现他们面对的是更加多样化和具有批判性的民众。

  从表面上看，立法者和广大读者一致认为，平等和一夫一妻制应该成为新法律的基本原则。但正如围绕纳妾的激烈辩论所表明的那样，立法者对这些原则的解释并不总是符合公众的期望(Tran 2009b)。尽管双方都同意必须消灭纳妾制，但对于如何实现这一目标，无论是在立法者和广大读者之间，还是在每个群体的成员之间，都没有达成明确的共识。他们提出的法律补救措施取决于他们对纳妾的看法。那些将纳妾定义为一种男性重婚形式的人，要求对包养小妾的男子进行民事和刑事制裁。那些愿意忽略纳妾的半婚特征的人反而强调男子与妾关系的性本质，对他们来说，将纳妾视作通奸的一种形式是最好的解决办法。还有一些人是纳妾的坚定捍卫者(Liu 1935)。尽管只有少数人发表了自己的观点，但纳妾现象在整个20世纪初的持续存在表明，尽管媒体对其进行了口头攻击，法律也在加以遏制，但纳妾制仍作为一种社会习俗被持续接受。

13

## 法律方法

更广泛地说,纳妾和法律的历史凸显了民国时期对理解中国法律史的重要意义。大多数对这段历史的描述都倾向于跳过20世纪上半叶。当它被提及时,通常是强调困扰中国的不稳定和不团结,使其容易受到外国,特别是日本的侵略。民国时期法律发展的重要性往往被忽视,或被认为没有长期影响。纳妾的法律史表明情况并非如此。

为此,本书将20世纪上半叶分为三个阶段。首先是民国早期,即1912年到1927年的过渡时期,当时由《大清现行刑律》中的"民事有效部分"和《暂行新刑律》管辖法律问题。民国早期生效的法典源于清末的法律改革,突出了清代和民国早期之间的智识联系。毫不奇怪,清朝的法律思想继续影响着民国早期法官对案件的裁决(Neighbors 2009)。与此同时,清末引入的新的法律概念和制度,为民国早期的变革铺平了道路。第二阶段以国民党法律体系为中心,该体系由1928年和1935年的刑法典以及1929—1930年的民法典所界定;从实施到20世纪40年代末国民党倒台,这些法律一直在国民党控制下的中国部分地区有效。在这十年中,来自各行各业的人们(包括相当数量的妇女)援引这些新法律在各级法院系统提出法律诉求(Huang 2001:71—200;Bernhardt 1999:101—195;Kuo 2012)。第三个阶段是由早期的中国共产党法律定义的,就本书而言,这一时期从20世纪20年代末颁布第一部婚姻法,一直延续到20世纪50年代末纳妾从公共讨论中消失。中国共产党的法律实验最初集中在农村,然后拓展到全国,这是从20世纪初中国共产党在农村的实践经验中诞生和磨炼出来的(Meijer 1971;Johnson 1983;Lubman 1999:43—44;Huang 2010:87—123)。

民国早期、国民党和中国共产党的法律代表了纳妾历史的不同篇章,法律方法的变化和政治格局的变化都对其产生了影响。民国早期的法学家受到清代法律的影响,继续承认纳妾的半婚姻特征,但法律修辞与之相反。正如黄宗智所指出的,《大清律例》通过具体案例表达其法律概念(2010:8)。民国早期的法官参考的清代律令中的一些概念,与现在新认可的一夫一妻制和平等原则背道而驰。因此,民国早期的法学家们发现自己处于一种尴尬的境地,一方面支持一夫一妻制和平等原则,另一方面又在纳妾问题上适用破坏这些原则的清代法律。

然而,从1928年开始,受欧陆法律启发的新法典的出台,使得民国早期法律在纳妾问题上的内在矛盾不再站得住脚。为了维护一夫一妻制的原则,当时的立法者必须禁止纳妾。新法典也标志着一种更加形式主义的立法方式,这对纳妾有着重要的法律意义。这里和本书中的"形式主义"一词都指的是一种鼓励严格遵守法律条文的立法方法。裴文睿(Randall Peerenboom)将形式主义定义为一种"基于清晰的规则,可以以机械的、三段论的方式应用于一系列事实,以产生法律结论或判决"的法律体系(2002:164)。有趣的是,国民党法律对纳妾的处理表明,西方一夫一妻制观念的优先地位与更加形式主义的法律方法相结合,导致了相互矛盾的结果:前者促使法学家将纳妾归为通奸,后者导致法官适用法律时在无意中将纳妾归为重婚。

国民党走的是以欧洲大陆法为代表的法律形式主义道路,而中国共产党的做法更类似美国的法律实用主义传统,这反映为中国共产党重视以实践和现实世界作为立法基础。黄宗智指出,法律实用主义的两个原则对于研究中国法律尤为重要:第一,法律应该从现实世界情况出发,并适应现实世界情况;第二,必须根据其社会影响来考虑法律理想(Huang 2010:250;258)。根据黄宗智的说法,这两项原则影响了清代法律和毛泽东时代的中国共产党法律。中国共产党从纳妾是事实婚姻这一社会事实出发,认定纳妾在法律上构成重婚。这种基于现实的法律方法,不仅使中国共产党的法学家赋予了妾作为小妻的社会身份以法律效力,还塑造了他们适用法律的方式。法官在作出裁决时,不是基于法庭上呈给他们的证据,而是基于他们自己从诉讼当事人的世界中收集的事实(Lubman 1999:52—54;65—66;Huang 2010:113—116)。

综上所述,纳妾的历史表明了20世纪上半叶的发展如何成为帝制晚期法律与20世纪下半叶中国共产党法律文化之间的关键环节。从法律的角度来看,民国的前二十年是一个独特阶段,值得进一步研究。尽管国民党建立的法律机构仅限于其管辖范围内的地区,但法律案件记录表明,国民党的法典和法院系统不仅仅是为了装点门面。此外,通过将国民党和中国共产党关于纳妾的故事并置,本书试图淡化持续影响着人们对20世纪中国的看法的1949年这个分水岭。尽管1949年是划分中华民国和中华人民共和国的一个方便的历史标记,但它倾向于将国民党和中国共产党之间的意识形态差异具体化,而理所当然地忽略两者之间的任何相似之处。然而,两党都承诺实行一夫一妻制和平等。他们以不同的方式将这些原则应用于纳妾,反映的是不同的法律方法,而非政治路径。

## 研究概况

在20世纪,新的一夫一妻制理念得到大众的接受和法律的认可,挑战了数百年来的纳妾习俗。关于纳妾的公开辩论始终将这一传统习俗定性为"封建"的残余,并要求将其废除。立法者如何回应这一呼吁取决于他们如何解释一夫一妻制。

如第二章所示,民国早期的法学家坚持帝制晚期"一夫一妇"的含义,认为尽管社会将妾视为小妻,但法律并不将其视为合法的妻子;因此,纳妾并不违反一夫一妻制原则。然而,由于继续依赖《大清现行刑律》的"民事有效部分",并在1912年《暂行新刑律》的具体条款中包含了妾,民国早期的法官们将这些法律适用于妾时,含蓄地承认了纳妾的半婚特征。

从1928年开始,新法典的颁布引发了对纳妾的法律处理的重大变化,第三章对此进行了探讨。立法者试图将他们处理纳妾的方式和对待妾的方式区分开来;纳妾是被禁止的,但妾是受保护的。国民党法律通过将纳妾定义为通奸,并将作为家属的权利和利益拓展到妾身上,实现了这一目标。

从基于习俗的身份转变为由法律界定的身份,对妾有着重要影响。法律承认妾是家属,重新配置了她与家长及其家庭的关系,在削弱传统保护的同时也创造了新的权利。第四章比较了在民国早期和国民党法律下,妾的家属身份对其在家长家庭的居住和受扶养权利的影响。

然而,当妾与她的家长脱离关系时,她就失去了家属资格,也就随之失去了对赡养费提出任何要求的权利。由于认识到妾在考虑离开家长时所面临的障碍,立法者便使妾更容易脱离关系并可以起诉要求赡养。第五章论述了对妾的看法的变化如何影响了妾的法律权利。以怜悯之心看待妾的法学家倾向于宽泛地解释法律,并将保留给妻的权利延伸到妾身上。缺乏同情心的法学家则坚持法律条文,只赋予妾作为家属的权利。

第六章讨论了20世纪纳妾历史中最大的讽刺。国民党立法者坚持认为纳妾不构成婚姻,但他们在民法典中规定的婚姻的法定标准(至少有两人见证的公开仪式)无意中使一些妾在法庭上获得了作为妻子的法律认可。尽管国民党的立法者顶住了将纳妾定义为事实重婚的公众压力,但他们确定的构成婚姻的合法要件,为纳妾在法律上被认定为重婚打开了大门。

如第七章所述,法庭记录显示,在涉及妾的案件中,人们援引民国时期民法典对婚姻的定义来证实或质疑重婚罪的指控。为了确定是否满足仪式的要求,法官们依据的是各地的风俗习惯,而这些习俗千差万别。只要妾能够拿出足够的证据,让法官相信她与家长结合的仪式反映了她所在地区与婚姻有关的习俗,她就可以获得作为妻子的法律认可,即使法官承认她的社会地位是妾。

第八章从中国共产党法律的角度考察了中国共产党关于纳妾的法律思想。与民国早期和国民党的法律不同,1950年的婚姻法将纳妾视为婚姻,并将其定义为重婚。然而,这与其说是一个尖锐的决裂,不如说是对一夫一妻和纳妾之间关系解释上的微妙差异。与民国早期和国民党的法学家一样,中国共产党的立法者强调一夫一妻制的字面意思,即一男一女结为夫妻、互为配偶的制度。然而,中国共产党通过将纳妾归为合法有效的事实婚姻,赋予了妾作为小妻的社会身份以法律效力;法律第一次承认妾是地位平等的妻子。

在中国共产党控制的地区,法律将纳妾归为重婚对有妾的家庭有何影响?第九章展示了中国共产党婚姻家庭法的指导原则如何影响了对纳妾案件的处理。中国共产党奉行的两大原则(一夫一妻制和保护妇女儿童的利益)在涉及妾的案件中经常相互冲突。维护一夫一妻制要求终止纳妾,但强制离婚可能损害妻子、妾和儿童的利益。中国共产党没有强制推行一个普遍的政策,而是采取了具体案件具体分析的方法。本章通过关注具体案例,揭示了中国共产党婚姻法所倡导的法律原则的实际意义。

## 资料来源

总的来说,这些章节从各种资料来源出发,展示了妾是如何演变为法律建构、性别符号和社会存在的。成文法典、法令和司法解释反映了国家对定义和管理为妾的妇女所作的努力。各种法典的草案及随附的评注记录了法律思想的演变。同样,关于婚姻法的司法解释和手册反映了国家努力阐明其法律意图和含义。本书查阅了国民党中央政治委员会、民法典编纂委员会和刑法委员会的会议记录。这些机构在起草刑法（1928年颁布并于1935年修订）以及民法典（1929—1930年颁布）方面发挥了重要作用。司法解释和法院判决都是从位于南京的第二历史档案馆和已出版的文集中挑选出来的。在民国早期，这些解释和判决是由在1906年至1927年行使最高法院职能的大理院发布的。1927年后，司法解释由当时新成立的司法院作出，判决由取代大理院而成为最高上诉法院的最高法院发布。对中国共产党法律的讨论基于最高人民法院、立法委员会和司法部发布的意见。由各下级法院起草的指南还显示了地方司法官员如何解释婚姻法的规定和中央政府发布的指示。

为了了解法律的抽象概念如何转化为法庭实践，并探讨法律如何影响个人生活，本书还研究了涉及妾的法庭案件。本书总共收集了581起法律案件。大多数案件记录来源于北京档案馆和上海档案馆。北京档案馆保存着北京地方法院的档案，而上海档案馆保存着上海第一特区地方法院的案件。收集的案例来自20世纪30和40年代，大多数集中在20世纪40年代。所研究的民事诉讼分为以下几类：脱离关系、别居（分居）、离婚（离异）和赡养费。收集的刑事案件分为重婚和通奸。由于每份地方案件记录不仅包括事实摘要和判决，还包括有关各方的证词和书面证据，因此这些案例使我们能够详细、设身处地地了解实践中的法律，并更好地了解诉讼当事人的生活安排和法律选择。我在第二历史档案馆查阅了1914年至1918年大理院审理的案件和1937年至1948年最高法院审理的案件。然而，其中许多档案只包含法院判决，而没有包括北京档案馆和上海档案馆所保存的地方案件档案所具有的丰富细节。尽管迄今为止,外国研究人员还无法接触到1949年后的案件,但媒体报道的案件摘要提供了获取代表性案件内容和判决的替代途径。为了了解法律的实施情况,本研究还依赖于有关婚姻法的官方手册和报纸报道;这两者都定期刊载典型案例用于宣传教育,而且中国共产党将这种做法完善成了一种艺术形式。

警方报告也显示了法律的变化对妾的影响。研究中使用的57份报告来自京师警察厅,时间可以追溯到民国初年,其中最集中的是20世纪20年代。这些报告显示了愤怒的妻子因丈夫有妾而指控丈夫通奸,愤怒的妾在得知正妻的存在后指控她们认作丈夫的男子犯有重婚罪,以及沮丧的丈夫求助于警察局使他们的妾守规矩或者处理其与讨厌的妾的离异。这些警方报告中包含的证词往往比诉讼案件中的证词更详细、更冗长、数量更多,为我们了解民国早期妾及其家人的生活提供了一个独特的视角。

用于提供公共舆论状况的材料来源于从20世纪初到20世纪50年代末全国不同地区出版的期刊、报纸。这些面向大众的出版物突出了官方和民众对妾的看法之间的紧张关系,并揭示了法律和大众思想的变化。一些期刊,尤其是北京和上海的期刊,在全国范围内拥有读者群;读者有限的出版物则反映了可能不会出现在其他地方的当地事务。正如其标题和内容所表明的那样,这些期刊代表了各种各样的兴趣:教育、文学、法律、政治、家庭和妇女问题等。关于妾的讨论出现在新闻报道、专题文章、社论、给编辑的信甚至漫画中。大部分资料来源于位于北京的国家图书馆、上海图书馆以及北京大学和中国政法大学的图书馆。

总之,这些资料共同讲述了纳妾作为一种法律建构和社会历史在 20 世纪上半叶的演变过程。从中可见,在 20 世纪,纳妾的法律概念和妾的现实生活并非一成不变,而是经历了戏剧性的变化。

# 第二章 民国早期法律中的纳妾

一些根深蒂固的观点认为 20 世纪上半叶的中国处于长期战争和政治不稳定时期,最近的学术研究使这一问题变得更加复杂,甚至受到了挑战。学者们并没有草率地认为民国时期发起的倡议和建立的机构是失败的,而是更加仔细地审视和探讨整个民国时期各种管理机构发起的改革的性质和影响(Dikötter 2008;Fung 2000)。可以理解的是,大多数对国家建设议题感兴趣的学者都集中于民国中后期,特别是南京十年(1927—1937)。但最近对中国法律的研究表明,民国早期是清朝法律体系向民国后期由国民党权威建立的法律体系过渡的关键时期(Bernhardt 1999;Huang 2001)。如果不了解法律从清朝覆灭到国民党和共产党崛起这二十年间的发展,就有可能忽略其间的连续性而夸大断裂。

纳妾情况尤其如此,它在 20 世纪初不断被重新定义。司法解释和法院判决凸显了随着法律发展的政策变化。① 然而,大多数关于纳妾的学术文献仅仅是指出,尽管有通常被描述为半心半意的法律努力试图遏制这一习俗,但它在民国早期仍然持续存在。然而,纳妾制在20世纪上半叶的逐渐消失是一个漫长而有争议的过程,始于民国早期,并在国民党和中国共产党各自的法律制度中延续。

## 法律和习俗

作为20世纪早期法律改革大历史的一部分,纳妾与通常被描述为中国追求现代性的斗争密不可分。正如五四运动所表明的那样,许多中国知识分子拒绝与儒家思想相关的价值观和制度,并向西方寻求现代化方案的灵感。大多数中国改革者接受了西方理想的普适性,并以西方模式为基础建立法律和制度。

然而并不是所有人都认为中国应该彻底修改法律。虽然不像激进的改革者那样直言不讳和引人瞩目,但更保守的改革者倾向于捍卫他们认为独特的中国制度,提出这些制度需要保护而非破坏。由于担心法律改革的方向,他们质疑国外引进的制度能否如此容易地在中国本土扎根。正如当时湖北宜城县知事所言,"一国之法律,须根据一国之历史与国情"(郭卫编 1931:263—264)。他解释说,在中国,人伦至关重要,这也解释了为什么中国法律对凡

---

① 白凯对妾的财产主张的讨论很好地说明了这一点(1999:178—195)。

是有关服制的罪名都特别加重处理。在宜城县知事看来,西方的法律面前人人平等的观念显然与中国的"国情"相悖。

此外,对个人主义、自由、一夫一妻制和平等原则的新承诺往往与现有的社会实践相冲突。尽管很多人称赞对这些抽象法律理想的承诺,但也有人批评基于这些原则的法律所带来的往往是意料之外的结果。关于1912年的《暂行新刑律》,贵州省贵阳市的一名检察官在1915年向大理院的问询中抱怨道:

> 在立法之初,侧重个人自由主义,亦为各先进国之成例,然此放任自由,实与世道人心有关……而且法与事违,亦不足以惬社会一般人之心理。(van der Valk 1968:182)

虽然这位检察官理解立法者制定法律是为了符合个人自由的"进步"理想,但他表示有必要限制这种自由,因为理论上听起来像是高尚的理想,在实践中却与社会期望背道而驰。他的结论是,成文法并不总是符合社会现实,这一结论得到许多其他县知事的认同,他们正努力在中国许多地区基本保持不变的社会环境中适用《暂行新刑律》的条文。1915年,浙江省新昌县知事向大理院询问再婚对寡妇与其亡夫家庭的关系及其财产分配所造成的法律后果时,也指出"法典规定的原则"与"民间盛行的习俗"之间的差异(van der Valk 1968:189)。诸如此类的观察表明,抽象的理想并不容易转化为法庭实践。结果,大理院接到了大量来自地方审判厅的问询,被要求就如何将法律适用于特定情况提供指导。

对纳妾的法律处理让我们得以窥见这一过程。在许多人看来,纳妾作为一种公然违背一夫一妻制法律原则的社会习俗,给民国早期的法学家带来了一个难以应对的挑战。尽管他们坚持认为妾不是妻,但他们持续依赖将妾等同于妻的清代法律,这导致他们发布的判决含蓄地承认了妾的半婚姻地位。其结果是产生了一种内在矛盾的纳妾政策。

正如纳妾的历史所表明的那样,在20世纪的大部分时间里,法学家们都在努力调和舶来的法律原则与根深蒂固的社会习俗。作为首当其冲接受这一挑战的人,民国早期的法学家们尝试着制定法律、发布裁决和解释,而继承了民国早期法律体系的国民党要么对这些法律、裁决和解释予以确认,要么将其推翻。中国共产党的婚姻法规也反映了民国早期法学家们最初信奉的许多理念和原则。在这方面,民国早期的法庭成为一个渠道,借此可根据新的法律标准来衡量长久以来的惯例,而这些新的法律标准将构成国民党和共产党主持颁布的法律的基础。

## 民国早期:清代到国民党法律的桥梁

尽管1911年的革命终结了清王朝,但事实证明,清代的法律更具韧性。民国早期的法律框架是由清朝最后十年起草的法典形成的,其中保留了《大清律例》中的许多原始条文。事实上,民国早期的法官在处理所有民事事务时,都继续参考《大清律例》。1910年颁布的修订后的《大清律例》更名为《大清现刑律》,在被1929—1930年的民法典取代之前一直有效。晚清时期起草的另一部刑法典也一直沿用到民国时期,只是象征性地做了一些改动,并更名为《暂行新刑律》,于1912年生效(Huang 2001:18)。顾名思义,这些法典仅适用于短期,直到立法者就新法典达成共识为止。

在制定新的法典时,民国早期的立法者并不是从零开始,而是以清末完成的各种草案为基础的。从这方面来说,民国早期的法律环境与其说是对清代传统的背离,不如说是通向民国后期颁布新法典的桥梁。事实上,黄宗智将民国早期法学家保留《大清律例》中有关民事的大部分内容,而不是实施已经完成的草案的决定称为战略性的。他们的计划是授予大理院自由裁量权来试行草案中一些引入的法律,并根据法庭的实践修改法律(Huang 2001:20)。与此同时,地方审判厅有时发现自己没有必要的法律来裁决案件。正如英山县知事向安徽高等审判厅指出的那样:"现行《刑律》沿自前清,本未完全。"(van der Valk 1968:256)这一问题以及县知事提出的许多其他问题,最终都传到了大理院。大理院作为民国早期的最高法院,在回答下级法院的问题时,不仅澄清了现行法律,纠正了下级法院在具体案件中对法律的误用;通过其解释和裁决,最高法院还修订了现行法律,并为于20世纪20年代末颁布新的刑法典和民法典铺平了道路。

1915年,一份来自贵州省贵阳地方检察长的质询显示了这一过程。这位检察官抱怨说,《暂行新刑律》中关于略诱的条文削弱了他们起诉大多数涉及略诱妇女的案件的能力。在这类案件中,通常是女子的父母或兄弟提出控告;如果该女子已经成年,法律则要求由她自己提出控告,但这种情况很少发生(van der Valk 1968:178—182)。检察官惋惜地说,结果是造成数不清的略诱案件没有被报告。在经由贵州省高等检察厅和司法部审阅后,该检察长的信最终送达了大理院,大理院的回应是将告诉权扩大到受害者的尊亲属,而不考虑受害者的年龄或婚姻状况。经过十多年的试验,1928年刑法典的制定者们决定更进一步,在略诱案件中不限制任何特定人提出控告的权利。关于略诱的条款(第二百五十七条)没有指明谁可以提出指控,这使得地方检察官能够将他们在民国早期法律下无法起诉的案件提交审判。

大理院的另一项解释为国民党民法典中保障婚姻自由的法律(第九百七十二条)铺平了道路。在1915年的一起案件中,一位父亲安排女儿婚姻的权力和女儿嫁给自己意中人的愿望相冲突,河南省高等审判厅询问大理院:"现当新旧法律过渡之时,应如何依据,以求适当?"(van der Valk 1968:187—188)大理院在答复中宣称,民法原则上认为缔结婚姻必须征得当事人同意。大理院依靠帝制晚期的类推裁判实践来维护结婚自愿的新原则。由于现行法律保护寡妇不被强迫再婚,因此大理院认为,未婚女子和寡妇一样,结婚必须出于自愿。① 像这样的案例记载了婚姻自由在民国早期是如何从抽象的原则演变为成文法的。

这些对法律的解释是否适用于妾呢?这是县知事们处理刑事案件的中心问题,因为《暂行新刑律》没有提到妾。1915年,四川省长寿县知事在问询中表示,"当时修订《刑律》,因采取一夫一妻之制,不能有妾之称谓,故全律无一妾字"(van der Valk 1968:122)。

---

① 然而,正如大理院维护父母权威的裁决所表明的那样,它并没有将自愿结婚解释为婚姻自由(上海第一特区地方法院 Y5-1-38 [vol.4 ch.3];上海第一特区地方法院 Y5-1-38b [vol.2 ch.13], 45)。

尽管县知事明白,对一夫一妻制的新承诺导致立法者没有提及纳妾,但这一遗漏使《暂行新刑律》在涉及妾的案件中毫无用处。

立法者非常清楚他们不在刑法中处理纳妾问题的实际影响,所以于1914年颁布了《暂行刑律补充条例》,其中包括适用于妾的明确规定。地方审判厅利用补充条例将妾纳入刑法的具体条款。在接下来的十年里,大理院发布了许多解释,试图制定一项针对妾的政策,以调和他们对一夫一妻制理想的承诺与继续容忍纳妾的做法。

在许多方面,对纳妾的法律处理反映了民国早期法律的过渡性质。与清代一样,纳妾被含蓄地承认为一种男女之间的结合,类似婚姻,但在法律上不被承认。然而,对一夫一妻制和平等理想的明确承诺显然与法律对纳妾的持续容忍相冲突。民国早期的法学家们是如何将他们对一夫一妻制和平等的承诺,与一套继承自清代的将妾视为与合法妻子相似却地位较低的小妻的法律相调和的呢?①

## 民国早期法律中纳妾与婚姻的区别

帝制晚期持续和强烈地将妾视为小妻的观点,给立法者带来了巨大压力,迫使他们为了维护一夫一妻制而宣布纳妾违法。立法者拒绝将纳妾定为重婚罪(原因将在下一章讨论),而是试图重

---

① 关于帝制晚期将妾作为小妻的建构及其对民国社会持续影响的讨论,请参阅 Tran 2009a:123—132。

新定义纳妾的性质,使其至少在原则上不会违背一夫一妻制的理想。如果法学家们不再像清代那样把纳妾视为半婚结合,那么他们又该如何看待纳妾呢？民国早期的法律策略是以一种使一夫一妻制不再成为问题的方式来定义纳妾。因此,纳妾被宣布为不是任何形式的婚姻。

立法者认为,如果法律不将纳妾视为婚姻,那么纳妾又怎么会被视为重婚呢？1913年,司法部澄清,纳妾不符合《暂行新刑律》中重婚罪的定义。正如司法部解释的那样,"查刑律重婚罪指有妻更娶妻而言,妾非正式婚姻,与重婚罪并无关系"(葛遵礼和韩潮 1918:79)。正如大理院在1917年的一项裁决中简洁解释的那样,"娶妾不得谓为婚姻。故有妻复纳妾者,不成重婚之罪"(郭卫编 1933:507)。这也适用于已婚妇女成为他人妾室的情况。在1920年的一起案件中,大理院认为,由于该女子在第二段关系中的地位是妾,法律不认为她是合法的妻子,因此她没有犯重婚罪(吕燮华 1934:17)。①

纳妾与婚姻之间的距离越大,法学家就越容易将纳妾习俗表述为符合一夫一妻制原则。事实上,1919年大理院的一项决定就体现了民国早期为努力调和一夫一妻制和纳妾之间的明显矛盾所运用的典型的法律手段。正如大理院所解释的那样,"现行法令采用一夫一妇之制。如家长②与妾之关系自不能与夫妇关系同论"(郭卫编 1933:211)。大理院开宗明义地宣示一夫一妻制的法律承

---

① 大理院始终维护着妾的未婚身份,将其与未婚女子和寡妇分为一类(赵琛 1947,2:205)。

② 将妾的主人(master)称为"家长"的说法起源于明朝(赵凤喈 1928:89 页注 62)。

诺,即使只是淡化了一夫一妻制与纳妾的相关性,也含蓄地承认了一夫一妻制的理想对法律容忍纳妾所造成的挑战。

## 纳妾的法律适用

尽管民国早期的法学家坚持认为纳妾不构成婚姻,但他们继续遵循清代的做法,在某些情况下,以与对待妻子大致相同的方式对待妾。清代的法律从来没有把妾等同于妻,但许多律令经常把妻和妾放在一起。例如,在《大清律例》关于婚姻的章节的十七条法规中,有十一条将妻和妾归为一类。① 关于奸非与略诱和诱的规定将妾视为已婚妇女,而关于杀害、殴打和辱骂与自己有亲属关系的人的各种规定经常同时提到妻和妾。② 诚然,一些律令规定,如果该女是妾,她会有不同的惩罚,但基本逻辑是一样的:法律将妾视为一种妻子,具有类似的义务和责任。

在民法方面,继续依赖《大清律例》意味着清代关于纳妾的法规继续有效。然而,刑法却是另一回事。由于立法者在《暂行新刑律》中删除了所有涉及纳妾的内容,因此法官不确定如何处理出现在他们面前的妾。他们是否会延续清代在某些刑事案件中将妾视为妻的做法?如果是,要适用哪些法律?还是他们将大理院关于纳妾不构成合法婚姻的声明解释为不把妾视为妻?如果是这样的

---

① 律 102、105、107、109—114 和 116 同时提到了妻子和妾。律 106 规定,如果该女子是妾,则减轻处罚。
② 参见律 275、285—286、293、315、319—320、322、329—331、367—368、375。

话,那么法律应该如何以不同的方式适用于妾呢?

1914年颁布的补充条例解决了《暂行新刑律》实施两年以来出现的各种问题。通过补充条例,大理院将妾纳入了《暂行新刑律》,并制定了一系列有关纳妾的法律,供地方司法官员参考。在十五条补充条例中,有五条适用于纳妾:两条是直接适用(第一、十二条),三条是间接适用(第五、七、八条)。在具体裁决中,大理院还将补充条例的其他条款适用于妾。这些条款中包含了妾,表明大理院含蓄地承认纳妾与婚姻非常相似,法律在某些情况下可以像对待妻子一样对待妾。然而,这一让步附带了许多条件,下级法院并不清楚而且经常忽视这些条件。

## 第十二条第一项

也许最被误解和误用的条款是补充条例的第十二条,该条款将妾纳入了《暂行新刑律》一些条款中妻子的法律定义。第一项明确规定,刑律对亲属的定义(第八十二条)中所指的"妻"和禁止通奸条款(第二百八十九条)中提到的"有夫之妇"(第二百八十九条)应将妾包括在内。通过在法典的这两条中将妾纳入妻子的范畴,立法者希望使妾在对家长及其亲属犯下某些罪行时受到与妻子相同的惩罚;他们的意图不是承认纳妾是婚姻。

### 第八十二条中作为"妻"的妾

《暂行新刑律》第八十二条规定了"尊亲属"和"亲属"的范围,

这些术语出现在整个刑法的许多条款中,比如杀人、伤害、自杀、亵渎祀典及发掘坟墓、遗弃、盗窃、诽谤、奸非,以及威胁人身安全和财产的条款。与《大清律例》一样,《暂行新刑律》也包括一系列单独的条文,惩罚那些对尊亲属和亲属犯下此类罪行的人,无论是作为主犯还是共犯;这些法律通常规定了比制约无亲属关系的人所犯相同罪行更严厉的惩罚。① 例如,谋杀尊亲属自然地意味着死刑;在所有其他杀人案件中,最低刑罚是十年徒刑。

将妾纳入法典对"亲属"的定义,不仅使妾在对家长家庭的尊亲属犯下罪行时,承担与妻子一样的刑事责任;而且还将对妾或者与妾一同犯下的罪行视为与涉及妻子的罪行相同。例如,第十二条为将妾纳入《暂行新刑律》中禁止乱伦的规定提供了法律依据。它实际上恢复了清代禁止与亲属的妾相奸的规定。在清代禁止亲属相奸的四项律令中,有两项专门针对与妾相奸(《大清律例》:律368.3,368.4)。一项针对与父亲或祖父的妾相奸,另一项针对与其他男性亲属的妾相奸。但是,民国早期的法学家决定不在《暂行新刑律》中提及纳妾,导致这两项律令被删除。通过第十二条,民国早期的立法者能够在法典本身不必提及纳妾的情况下,重新实施

---

① 例外的是关于盗窃的法律,该法律免除了对偷窃其他家庭成员的财产的惩罚。D·卜德和C·莫里斯将此归因于家庭成员的财产是公共财产而非个人财产的观点(1973:88)。1912年的《暂行新刑律》是对《大清律例》的修订,也带有同样的逻辑。

清代的律令。①

为什么民国早期的立法者觉得有必要通过补充条例恢复清代对与妾乱伦的制裁？因为从表面看，纳妾是为了传宗接代，所以该家族的男性后代与孕育该家族男性后代的人发生性关系似乎就是乱伦，无论他们之间是否有血缘关系。无论是从生物学的还是拟制的角度来看，立法者都认为，男性的妾室和他的后代之间的关系是最亲密的家庭纽带之一。因此，在涉及亲属的法规中，特别是制约乱伦的法规，将妾包括在"妻"的范畴之内，标志着立法者承认妾在某种程度上是亲属。

## 第二百八十九条中作为"有夫之妇"的妾

虽然第八十二条在对亲属的定义中将妾认定为妻，从而将妾纳入了《暂行新刑律》的各个条款，但第二百八十九条将妾纳入"有夫之妇"类别的限制要大得多，尽管立法者的目的是相同的：在通奸的情况下惩罚妾，就像惩罚妻子一样。将妾纳入法典中有关通奸的条款，反映出立法者希望像维护男子和妻子的关系一样，维护男子与妾关系的神圣性。和妻子一样，妾的主要职责就是传宗接代；因此，她的性纯洁至关重要。与其他男子相奸的妾与通奸的妻

---

① 胡宗绮在分析民国早期对杀人案的裁决时也提出了类似的观点。例如，她展示了民国早期法官如何在判决中运用自由裁量权，实际上恢复或者至少接近《大清律例》规定的惩罚。例如，1912年的《暂行新刑律》废除了清代的一项律令，即免除丈夫在妻子与情夫通奸时当场杀害这二者的惩罚。在判决中，民国早期的法学家实际上通过减少丈夫的刑期、在某些情况下完全免除其刑罚，恢复了被删除的清朝律令（Neighbors 2009）。

子没有什么区别。因此,立法者规定通奸法律中所指的"有夫之妇"也包括妾。

## 补充条例的其他条款

尽管第十二条第一项的意图是使妾在侵害尊亲属或者与人相奸时受到与妻子相同的惩罚,但第二项在有限的情况下给予妾与家属同样的法律保护。第二项确定了将妾包括在内的其他法规:

> 本条例第一条第二款称夫之尊亲属者,于妾之家长尊亲属准用之;第五条称妻、子孙之妇及同居之卑幼者,于己之妾、子孙之妾及同居卑幼之妾准用之;第八条称卑幼者,于卑幼之妾准用之。(*The Provisional Criminal Code of the Republic of China* 1923:127—128)

将上述条款适用于妾,实际上为妾及其子女提供了某种程度的保护,使其免受家庭中尊亲属,特别是正妻的无端虐待。第十二条第二项通过将妾纳入其家长家庭的亲属关系网络,为妾提供了与家属同样的法律保护,尽管是在非常有限的情况下。①

大理院还将补充条例第九条的规定扩展到妾。第九条规定,

---

① 1920年大理院的一项裁决表明,民国早期的法学家利用补充条例将妾纳入其家长的亲属关系结构,赋予她一定的母亲角色的权威。大理院在这项裁决中指出,无夫奸罪的告诉权专属于妇女的尊亲属,而为人妾者对于自己所生或抚育的子女,应当被认定为尊亲属,即享有告诉权(上海第一特区地方法院 Y5-1-38b[vol.1, ch.17], 27)。

出卖被担负扶助养育保护义务之人是犯罪,即使被出售的人同意出售。在1920年的一个案件中,一个寡妇试图卖掉她已故丈夫的妾。大理院明确援引了第九条,理由是当寡妇继承丈夫的财产时,她也承担了丈夫赡养妾的法律义务(北京地方法院 Y5-1-38c,2)。因此,当她试图卖妾时,她就违反了第九条。

对许多人来说,民国早期对纳妾的处理似乎充满了矛盾。立法者在言辞中支持一夫一妻制的理想,但他们在行动中容忍纳妾。前者导致他们删除了《暂行新刑律》中关于纳妾的内容,后者则表现为他们通过修改法典和司法解释,间接地将纳妾重新纳入法律。① 民国早期法学家的决定表明,一方面他们希望延续清代将妾视为小妻的做法,另一方面,为了即使不是在事实上,也要在原则上坚持一夫一妻制,他们选择忽视纳妾的半婚姻特征。然而,许多人认为,大理院将妾视为小妻的做法就是含蓄地承认了纳妾即婚姻。

## 地方审判厅的混乱

地方审判厅习惯于将补充条例中有关纳妾的条款,解释为允许在《暂行新刑律》每一条所指为"妻"的法律中纳入妾。至少,四川省长寿县知事是这样解读补充条例中有关妾的规定的。在1915年向大理院询问涉及妾的略诱和诱的案件时,县知事将第十二条

---

① 在国民党民法典实施后,司法院在1933年的一份解释中明确撤销了补充条例中关于妾的规定(傅秉常和周定宇编 1964,2:1143)。

解释为适用于《暂行新刑律》所有条款的指导原则,而不仅仅适用于那些特别指明的条款。正如县知事所理解的那样,"凡因身份成立之罪,妻妾多属同相"(郭卫编 1931:176—177)。引发县知事疑惑的案件涉及一名女子被男子略诱,随后被该男子收为妾。作为略诱的受害者,这名妾显然是受害方,《暂行新刑律》第三百五十五条第一项赋予了她起诉的合法权利。但是,该条第二项规定,夫妻双方必须离婚后才能提起法律诉讼。既然女方是妾,纳妾并不是正式婚姻,那么离婚的要求是否适用于本案?

大理院在答复中纠正了县知事的误解。虽然它同意县知事认为纳妾不是婚姻的观点,但它不同意县知事的提问方式;离婚问题与眼下的事情根本无关。正如它简明扼要地解释的那样,"妾之身份与妻不同;《刑律》第三百五十五条第二项不适用之"(郭卫编 1931:176—177)。尽管大理院没有详细说明,但它传达的信息很明确:第十二条中以妾为妻的认定仅适用于规定的条款,不应将其解释为适用于刑律中所有提及"妻"或"有夫之妇"的笼统说明。在1919年的一个类似案件中,大理院重申,第三百五十五条第二款所指"为婚姻者"不适用于妾(郭卫编 1931:647)。根据法律的规定,与略诱和诱者为妾的女子可以对他提起法律诉讼,而不必先与其离婚;在这种情况下,大理院选择不把妾当妻看待。

如果补充条例第十二条的范围没有超出所列举的条款,那么法官如何裁决不属于第十二条范围的涉及妾的案件?由于大理院缺乏明确的指导方针,一些下级审判厅继续将第十二条误解为允许在《暂行新刑律》中出现"妻"的地方用妾替代。安徽省高等审判厅在1920年的一起案件中做出了这一假设,该案涉及一名逃离虐待家庭后嫁给另一男子的妾。过了一段时间,妾的前家长要求她归家。过了这么长时间,该男子是否还有合法权利要求出逃的妾归家?既然该妾愿意嫁给第二个男子而坚决拒绝回到前家长家,那么法庭是否应该强迫她回去?审判厅援引大理院关于婚配必须征得当事人同意的解释,称由于本案中的妾已经两次逃离她的家长,因此审判厅不应该强迫她按照家长的要求归家。在考虑可能的处理方式时,安徽省高等审判厅提出了三种备选方案,其中一种基于的逻辑是"自《刑律补充条例》出,凡关于妻之部分,于妾亦准用之"(郭卫编 1931:756)。在回函中,大理院驳回了安徽省高等审判厅的建议,因为这是对补充条例中有关纳妾规定的误解。大理院表示,有关夫妻关系的法律不适用于男子与其妾之间的关系。在这个特殊的案例中,大理院认为,当他的妾多年前出走时,该男子一开始对找回她漠不关心,这意味着事实上的解除关系;大理院通过裁决,正式宣布他们离异。

## 民法中的妻妾并论

大理院对补充条例中有关纳妾规定的解释,说明立法者打算将妻妾并论专门用于在各条款概述的特定条件下确定和分配刑事责任。正如大理院在1915年的民事诉讼裁决中所解释的那样,第十二条的目的是使妾在该条所确定的情况下承担与妻子相同的刑事责任;它并不适用于手头这起涉及民事问题的案件(上海第一特区地方法院 Y5-1-38 [vol. 5, ch. 2, sec. 1], 43)。本案中的妾在有关继承的法律问题上援引第十二条主张亲属地位。她的家长被收养为其叔父的继承人，而妾曾试图利用第十二条将妾确定为妻子的规定，行使妻子在继承事务中所享有的权利。然而，大理院阻止了她的行为，裁定第十二条没有改变妾的法律地位；因此，本案中的妾不能被视为亲属，更不能被视为妻子。

并非只有诉讼当事人认为补充条例在特定条款中将妾的身份认定为妻子也适用于民法，法官有时也会得出同样的结论。在1917年吉林榆树的一起案件中，高等审判厅在大理院认为属于民事性质的案件中援引了第十二条。在这个案件中，一名男子为摆脱贫困将妻子卖给另一名男子为妾。一年多后，该女子提起诉讼，要求回到卖掉她的丈夫身边。然而，那个买她为妾的男子却不肯放她走。审判厅想知道第十二条是否适用于本案。根据审判厅的理解：

> 查《暂行刑律补充条例》第十二条第一项，已规定《刑律》称妻者，于妾准用之，称"有夫之妇"者，于有家长之妾准用之。对于民事，妾于家长，能否比照夫妇认有婚姻关系？（郭卫编1931：313）

与上述讨论的其他审判厅一样，吉林省高等审判厅将第十二条解释为处理关于妾的刑事案件的一般规则。如果这是一桩刑事案件，审判厅很可能会在刑律中查找涉及妻子的此类情况的相关法律。然而，由于它必须做出的决定（是否同意该女子与第二名男子解除关系并回到她丈夫身边的要求）是民事性质的，因此，审判厅希望在将刑法规定适用于民事案件之前获得大理院的批准。

大理院认为第十二条与本案无关,并在管辖民事事务的现行律中确定了适用的法律。大理院援引买休卖休和娶人妻的规定,指示吉林省高等审判厅解除该妾与第二名男子的"婚姻"关系,并将其送回娘家。清代的法学家也曾将这一条文适用于妾,这一做法显然在大理院得到了延续。这并不奇怪,因为当时实施的法律保留了许多清代妻妾并论的法规,大理院在涉及结婚和离婚的案件中援引了这些法规。

尽管民国早期的法学家坚持认为妾不是妻,但他们还是延续了清代将妾视为小妻的做法。各级审判厅在谈到娶妾的男子与嫁为妾的女子时,通常使用表示婚姻的"娶"和"嫁"这两个字。[①] 正如上面的案件所表明的,离婚的术语——离异被用来描述妾与其家长之间关系的解除。1920年,在一位寡妇拒绝再婚的案件中,大理院没有区分妻和妾,确认如果她们愿意,两者都有保留贞洁寡妇身份的特权(上海第一特区地方法院 Y5-1-38 [vol. 4, ch. 3],34)。在1920年的另一起案件中,大理院裁定,男子送给妻或妾日常使用的服装和珠宝应被视为女子的个人财产(上海第一特区地方法院 Y5-1-38 [vol. 4, ch. 3],35)。尽管大理院在裁决中指定用"夫"和"家长"来区分男子与妻和妾的关系,但最终结果是一样的;无论大理院如何界定男子与妾的关系的法律性质,它仍然赋予她与合法妻子一样的个人财产权利。

即使在不涉及补充条例的裁决中,大理院也延续了清代妻妾

---

① 例如,参见上海第一特区法院 Y5-1-38b(vol.2,ch.23),46。

并论的做法,承认纳妾即使不被法律承认,也被看作一种婚姻形式的社会现实。尽管大理院告诫下级审判厅不要混淆妾与妻之间的界限,但它偶尔也会在自己的裁决中犯同样的错误。尽管大理院在口头上坚称纳妾不是婚姻,但它偶尔也会将妾当作妻子来适用法律。清代的法学家就是这么做的;无论出于何种意图,这种做法一直延续到民国早期。

对于民国早期的立法者来说,他们仍然在清代纳妾的逻辑下运作,把妾当作从未合法的小妻似乎符合他们对一夫一妻制理想的承诺。只要不承认妾是合法的妻子,不承认纳妾是合法婚姻,立法者就可以继续容忍纳妾,从而规避一夫一妻制的问题。然而,他们原则上坚持认为纳妾不构成婚姻,同时在实践中将妾视为小妻的政策,导致民国早期的法学家制定了一系列看似内在矛盾的法律和裁决,并在地方审判厅的法官中造成了相当大的混乱。

正如我们将在下一章讨论的那样,继承了民国早期制度的国民党试图解决大理院在纳妾问题上的矛盾。国民党的立法者和他们的前任们都有一个共同的目标,即在不公开违背他们维护一夫一妻制承诺的前提下,继续在法律上容忍纳妾。在农村,中国共产党开始根据民国早期立法的原则制定自己的婚姻条例。中国共产党在1950年颁布婚姻法时,不仅借鉴了20世纪30和40年代在根据地进行的早期试验,还受益于民国早期和国民党在纳妾立法方面的经验教训。因此,如果忽略民国早期的纳妾历史,就等于错过了20世纪纳妾历史的一个关键阶段。

# 第三章 民国中期法律中的纳妾

在20世纪新的社会思潮中,纳妾被认为是不合时宜的。然而,虽然纳妾的做法遭到广泛的谴责,但为妾的女子激起了公众的同情。立法者如何在不损害妾的利益的情况下打击纳妾行为?反过来说,他们如何才能在不容忍纳妾的情况下保护妾的利益呢?国民党立法者提出的解决方案要求区分有妾的男子和为妾的女子;前者要求法律伸出惩戒之手,后者则要求法律伸出保护之手。通过有关通奸的法律,国民党对养妾的男子首先实施民事制裁,然后再实施刑事制裁。通过创制无亲属关系的家属这一新的法律类别,国民党立法者赋予了妾在家长家中居住等一系列权利。考虑到前者影响男方,后者影响女方,国民党法律的回应具有重要的性别含义。

国民党法律将纳妾归为通奸,反映了社会对男性婚外性行为的看法和法律反应的变化。一夫一妻制理想的广泛吸引力,使曾经被容忍的行为成为现在道德谴责的目标,并最终成为法律惩罚的对象。为了抵制要求将纳妾定为重婚的公众压力,特别是来自妇女团体的压力,国民党立法者最初只愿意让有妾的男子根据离婚法的通奸条款承担民事责任;在南京的妇女团体组织了一场广泛宣传的运动之后,立法者才极不情愿地承认,纳妾的男子要承担通奸罪的刑事责任(Tran 2009b)。

虽然在媒体上一夫一妻制的理想所附带的夫妻忠诚的概念,迫使国民党立法者最终将纳妾定义为通奸,但平等原则使他们赋予了妾一系列的权利,使得权利的天平向更有利于妾的方向倾斜。与通奸法律在消除纳妾方面的弱点相比,管理家属的法律是扩大妾的权利的有力工具。在某些情况下,法学家们甚至通过解释有关家属的法律,将其他家属无权享有的利益扩展到妾。总的来说,有关通奸和家属的法律使国民党能够声称其法律禁止纳妾,但同时仍然保护妾的利益。

虽然看似无关,但将纳妾视为通奸和将妾归类为家属的法律处理有共同之处:两者都忽略了纳妾与婚姻之间的相似性。民国早期的法学家承认纳妾的半婚性质,尽管他们一贯认为纳妾不构成婚姻。在国民党民法典通过后,法学家再也不能持有如此明显矛盾的立场。国民党法律继续坚持纳妾不是婚姻,不构成重婚;但现在,他们不得不消除纳妾所附带的半婚含义,并引入一种新方式来谈论纳妾和妾。其结果是形成了将纳妾视为通奸的法律建构,以及将妾视为家属的法律拟制。

在某些方面,国民党法律对一夫一妻制向纳妾提出的挑战的回应,反映了它对法律的形式主义态度。德国民法典是欧洲大陆法的典范,以德国民法典为范本的决定,导致国民党的法学家们也采用了黄宗智所说的"法条主义"的立法方法,鼓励他们"毫不含糊地选择成文法而不是习俗作为法制的指导"(2001:66—67)。这种法律形式主义影响了国民党立法者对一夫一妻制的理解,他们按字面意思将其解释为"一男一女结为夫妻、互为配偶的制度"。由于国民党法律不承认妾是妻子,因此根据法律定义,纳妾不构成重婚。如果他们要禁止纳妾,唯一选择就是将其定义为通奸。

## 纳妾作为通奸的法律建构

在通奸问题上,清代的先例最终让位于一套以夫妻忠诚和两性平等为理念的新法律。在民国早期,法学家们沿袭清代的做法,只赋予丈夫与通奸的妻子离婚的权利,并且只惩罚妻子的通奸行为。然而,随着1930年新民法典和1935年修订的刑法出台,丈夫第一次因对妻子不忠而面临民事和刑事后果。这种变化背后的驱动力是一夫一妻制的新含义,即夫妻忠诚。

monogamy 通常被翻译为"一夫一妻制",它传达出两种不同的含义。严格来说,一夫一妻制意味着一次只能与一个人结婚。当限于这一意义时,中国法律长期坚持一夫一妻制的原则,清代案例记录中就出现了"一夫一妇"的说法;如在理论上,而非在实践中,法律禁止一名男子同时娶一个以上的合法妻子(《刑案汇览》1886,40:231)。从广义解释,一夫一妻制也暗含着夫妻忠诚的含义。正是考虑到这一点,20世纪的社会评论家用"一夫一妻制"来谴责男子的婚外性行为,这标志着大众对男性性行为的态度发生了重大变化(Tran 2009b:210—214)。在帝制晚期,所谓单方贞操只要求女子的性忠诚,而民国引入了对贞操的中性理解,导致现在法律和社会要求丈夫像妻子一样保持性忠诚(Tran 2011)。随着一夫一妻制的基本原则在民国早期、国民党和中国共产党的法律中得到明确认可,一夫一妻制的理想也成为摧毁儒家家庭制度和建立一夫一妻制婚姻制度的法律武器。由于与家父长制、父系制及一夫多妻制等"旧"家庭制度特征相一致,纳妾不可避免地受到攻击,随之而来的是男子长期享有的传统特权也受到攻击。

## 民国早期法律

在民国早期,将通奸视为女性犯罪的法律建构,以及持续将妾视为小妻的做法,排除了将纳妾视为通奸形式的可能性。尽管法律有一些变化,但最终,民国早期关于通奸的立法及其对纳妾的影响都保持不变。就像在清代一样,妾和妻子一样,如果与另一名男子相奸,就会因通奸而受到惩罚,而男子与其妾的关系继续逃避法律制裁。男子如果因与妾发生性关系而受到惩罚,那就是因为教唆他人的妾背着其家长通奸;民国早期的法律从未惩罚过与自己的妾发生性关系的男子。

帝制晚期关于通奸的逻辑一直存在于刑法的各种草案中,最终形成了1928年的刑法。1912年《暂行新刑律》只惩罚有夫之妇的通奸条款,出现在1916年和1918年的草案中,并在1919年完成的修订版中保持不变。① 民法也是如此。从1906年至1925年,新的"现代"民法典的每一份草案都只将妻子的通奸作为离婚的合法理由。② 一篇关于民法典早期草案的评论为该法对待妻子通奸的立场进行了辩护。尽管作者承认夫妻双方都应承担"贞洁之义务",但他认为保护男子的名誉和父系血统是离婚法律规定单方通奸条款的理由(邵义 1917:273—274)。如果妻子因通奸行为生下了孩子,那么这可能会玷污丈夫的家庭血脉。作者暗示,由于妻子的通奸行为比丈夫的不检点造成的伤害更大,因此法律允许被"戴绿帽子"的丈夫与妻子离婚。与帝制晚期的法学家一样,民国早期法学家对女子的性道德要求更高。无论是通过民事还是刑事手段,法律都继续惩罚通奸的妻子而豁免丈夫。因此,男子与其妾的关系一如既往地得到法律的宽恕。

## 1928年刑法

1928年刑法的两个新规定进一步扩大了对男子通奸的法律容忍度。首先,国民党法学家放弃了民国早期在通奸案件中将妾视为妻的做法,而将妾归为"未婚女子"。因此,已婚男子与他人的妾相奸,不能再因教唆妾背着其家长通奸而被指控。其次,1928年的

---

① 《修正刑法草案》,载《法律草案汇编》vol.2(1916),53;《刑法第二次修正案》,载《法律草案汇编》vol.2(1918),89;《改订刑法第二次修正案》,载《法律草案汇编》vol.2(1919),37。
② 《大清民律草案》,载《法律草案汇编》vol.4(1911),28;《民律草案亲属编》,载《法律草案汇编》vol.3(1915),5;《民律草案亲属编》,载《法律草案汇编》,未列出卷(1925),11。

法典删除了惩罚与未婚女子相奸者的法规,该规定曾在1912年颁布的《暂行新刑律》中被删除,但在1914年补充条例通过后又恢复了。1928年法典中这一条文的缺失,意味着与别人的妾发生性行为的已婚男子不会受到惩罚,因为法律现在将该妾视为"未婚女子"。当然,在法律理论上,与家长之外的男子发生性关系的妾也逃脱了惩罚,但社会继续将这种行为视为通奸,这种观点影响了民国法官如何裁决涉及妾被指控犯奸的案件。在家长以通奸为合法理由要求解除关系的诉讼中,法院欣然接受了这样的观点,即妾与家长以外的男子相奸,给了家长解除关系的正当理由(傅秉常和周定宇编 1964,2:1149)。

总的来说,1928年刑法对男子与其妾的关系没有任何影响。经过近二十年的法律改革和多次起草,帝制晚期关于通奸的法律仍然保留在文本中,尽管在措辞上有一些微小的变化。丈夫仍然免于因通奸而受到刑事起诉,他们与妾的关系继续逃脱法律的制裁。尽管国民党的立法者口诛笔伐地谴责纳妾是过去的遗物,但他们颁布的刑法在本质上保留了这一习俗。

## 1929—1930年民法典

立法者很快发现,他们无法如此轻易地忽视这个问题。妇女团体尤其表达了对新刑法的失望,痛斥立法者未能坚持一夫一妻制和平等原则。各种妇女团体游说将纳妾定为重婚,并将立法者坚持认为妾不是妻的说法斥为法律虚构(Tran 2011:110—112)。尽管国民党通过简单地否认纳妾作为婚姻的法律效力,成功地顶住了将纳妾视为重婚的公众压力,但他们无法轻易反驳纳妾构成通奸的论点。

当立法者将注意力转向于1930年完成的民法典时,他们发现再也不能忽视公众将纳妾与一夫一妻制作为夫妻忠诚的新含义联系在一起的讨论。虽然立法者继续坚持"一夫一妻制"的字面意思是"一男一女结为夫妻、互为配偶的制度",但媒体对该短语的公开使用表明,人们普遍将一夫一妻制理解为夫妻忠诚(Tran 2011)。在讨论纳妾问题时,一夫一妻制反映了一种期望,即男子要忠于妻,不能纳妾。

根据国民党法律,纳妾最终被归类为通奸,这标志着立法者对公众舆论的让步。与帝制晚期的前辈不同,国民党官员面对的是见多识广且直言不讳的民众,他们期望政府不仅倾听他们的想法,而且通过制定适当的法律和政策来回应他们的建议。由于女性受教育机会的增加和妇女运动的兴起,女性的声音第一次进入了公共讨论(Edwards 2008;Wang 1999)。尽管妇女运动仅限于精英女性,并由代表女性发言的具有改革思想的男性主导,但还是吸引了足够多的公众关注,使立法者注意到了这一点(王新宇 2006:45—48)。妇女团体和以妇女问题为主题的杂志,在将纳妾问题列入法律改革议程方面发挥了关键作用。纳妾问题频繁出现在媒体上,迫使立法者在起草新的民法典时正视这一问题。

立法者选择通过民法典关于离婚的条款间接处理纳妾问题。与之前所有的民法典草案有很大不同的是,1930年颁布的最终版本规定妻子和丈夫都可将通奸作为离婚的理由。这符合国民党立法者在民法典中规定平等原则的使命。民法典编纂委员会主任委员傅秉常在亲属和继承编的序言中指出,男女平等是新民法典的核心特征(*The Civil Code of the Republic of China*,1930:ix)。他们谨慎地确保民法典的语言尽可能保持性别中立,并赋予女子新的权利,使他们能够与男子平等。因此,妻子现在有权与拈花惹草的丈夫离婚,因为平等意味着男子将被要求遵守与女子长期以来担负的相同的道德标准。

尽管民法典本身没有提及纳妾,但傅秉常在序言中明确表示,立法者打算将民法典中关于通奸的规定适用于纳妾。正如他所解释的那样,"妇女的公民权现在已被置于与男子同等的地位,这涉及纳妾的消失,并要求女子在夫妻忠诚问题上与男子平等。配偶一方与第三人的不正当关系,赋予了另一方申请法院判决离婚的权利"(*The Civil Code of the Republic of China* 1930:ix)。法律现在将纳妾定义为与第三方的"不正当关系",即通奸。男子与其妾的关系不再享有法律保护,而拒绝丈夫与妾关系的妻子现在可以选择以通奸为由起诉离婚。由于民法典本身没有提及妾,因此司法院在1932年的解释中明确规定,法律将纳妾视为通奸行为,并维护妻子在丈夫纳妾时以通奸为由与丈夫离婚的权利(傅秉常和周定宇编 1964,2:1027)。由于民法典将纳妾视为通奸而非重婚,在这种情况下,一夫一妻制的含义是夫妻忠诚,正如傅秉常在民法典序言中所建议的那样。在这方面,民法典将纳妾视为通奸的做法,使得在公开讨论纳妾问题时,一夫一妻制所附带的夫妻忠诚的新含义具有了法律效力。

在将民法典关于通奸的规定扩展到纳妾的过程中,立法者无意中为将纳妾定义为通奸铺平了道路,但这是他们强烈反对的结果。立法者愿意将纳妾作为离婚的合法理由，但他们中的大多数人并不愿将纳妾提交刑事起诉。然而，这恰恰是他们在 1935 年颁布的修订刑法中勉强同意的做法。

## 1935 年刑法

尽管新刑法在 1928 年才刚刚颁布，但立法者认为有必要进行修订。这对妇女团体来说是一个可喜的消息，因为她们认为这是一次机会，可以重新审视 1928 年法典中只针对女子的通奸法。许多关注法律改革的人希望指导立法者制定民法典的平等精神也能指导他们修订歧视性的通奸法。对这些观察家来说，1934 年初公布的一项草案，使男子和女子对通奸行为承担同等责任，这似乎是朝着正确方向迈出的一步。

然而，令女性们惊讶和失望的是，立法者否决了制定平等通奸法的提案，转而投票保留了只惩罚妻子的现行通奸法。立法院的辩论透露出一种担忧，即平等主义的通奸法将对有妾的男人产生影响（《立法院昨日大会》1934）。大多数人都不愿意通过一项使男子与其妾的关系受到刑事起诉的法律。

经过近一个月的游说，妇女团体成功地迫使立法者重新考虑他们认为已经有定论的问题。尽管立法者最初表示倾向于从法典中删除通奸法，从而使通奸完全合法化，但他们最终还是选择了平等的通奸法，这是对公众要求平等和性规范的一种让步（Tran 2009b）。通过将纳妾置于通奸法之下，国民党法学家可以表现出反对纳妾的立场，并满足民众的要求。然而，通奸法中的诸多限制,加上女性明显缺乏起诉纳妾的男子的热情,导致了事实上对纳妾的容忍。

考虑到国民党领导人和成员的社会经济背景,这并不特别令人惊讶。民国时期的许多重要人物都有妾室,包括国民党领导人蒋介石、司法院院长兼国民党民法典起草委员会顾问王宠惠。1930年,浙江省妇女协会呼吁国民党开除纳妾蓄婢的成员,并禁止此类男子加入国民党(《纳妾蓄婢者不得为预备党员》1930)。他们的建议显然被置若罔闻,但这个问题在1935年的一份内部备忘录中再次出现。这份名为《关于入党后蓄奴和纳妾问题的处理方法》的备忘录,在1935年刑法实施前不到一周流传开来,其中包括规定男子通奸责任的新法律(中央执行委员会1935:529)。作为对备忘录的回应,中央监察委员会常务会议通过了一项决议,实际上将此事交由法庭处理。除非作出有罪判决,否则国民党将对其成员纳妾的做法睁一只眼闭一只眼。即便如此,国民党最多也只会考虑对被定罪的成员进行行政制裁。

国民党也愿意将这一宽大政策的对象扩展到其管辖范围内所有养妾的男子。在1935年刑法生效之前,国民党立法者通过了《刑法施行法》。第九条实际上将已经存在的同居关系排除在修订后刑法的新通奸条款之外。该条规定:"刑法第二百三十九条之规定,于刑法施行前,非配偶而以永久共同生活为目的,有同居关系者,不适用之。"(*The Chinese Griminal code* 1935:133)。虽然没有特别提及纳妾,但这一描述与民国早期裁决中对男子与其妾之间关系的描述非常相似。例如,1916年大理院的一项解释称,"妾与家长,虽非配偶,而系以永久共同生活为目的"(Chiu 1966:26)。① 通过第九条,立法者能够保护已有的纳妾安排不受新通奸法的影响。

## 检验新通奸法

当法学家将有关通奸的民法适用于纳妾时,丈夫对通奸不承担刑事责任。1935年修订刑法实施后,这种情况发生了变化,其中包括新的平等的通奸条款。妻子现在可以对丈夫提起通奸的刑事指控,而出轨的丈夫及其情妇现在可能面临最高一年的监禁(第二百三十九条)。

档案记录表明,一些女子确实利用新的通奸法与丈夫离婚,并以刑事起诉威胁他们。1935年7月1日新刑法典生效,仅仅四天之后,吴邱氏②就向北平特别市公安局举报其丈夫与饭馆女招待通奸。她在陈述中称,"我夫吴复声有配偶而与他人通奸,违犯新刑律"(北京地方法院 J181-21-37535)。吴复声坚称,他是征得妻子同意后才纳了女招待赵秀芳为妾;然而,吴邱氏坚持说,当他向她提出这一计划时,她曾表示反对。赵秀芳只字不提自己是吴复声的妾,但承认曾与他通奸三四次。尽管吴邱氏在不到两周后正式撤销了通奸指控,但她最初的控告以及随之而来的一系列文件表明,女子确实利用了新通奸法来对付不忠的丈夫,而且国家机关也

---

① 另见赵琛 1947,2:213—214。
② 在案件记录中,已婚女子的姓名通常是丈夫和父亲姓氏的组合,后面再加上"氏"字,这是对已婚女子的称呼。以这种方式记录的姓名的英文翻译为 Mrs. A née B,其中 A 代表丈夫的姓氏,B 代表父亲的姓氏。

正式记录了愤怒的妻子对风流丈夫的控告。

在1944年的另一宗案件中,何柳尔芳也向北平特别市公安局举报丈夫通奸。除通奸外,她还指控丈夫何汝湘犯有婚姻欺诈、重婚、胁迫、虐待和遗弃罪(北京地方法院 J181-23-20153)。她还指控其他一些人也参与了这些罪行。一个月后,她追加了民事诉讼,但由于未决刑事审判的复杂性,法院裁定应将其作为单独的案件进行裁决(北京地方法院 J65-20-5943)。档案记录包括警方对涉案各方的讯问以及对何氏指控的调查摘要,但没有包括刑事或民事审判的记录。

## 通奸法的局限

在法庭上提起诉讼的女子发现自己受到各种法律例外的阻碍,这些例外往往导致法庭驳回她们的案件(Bernhardt 1994:208—209)。民法典第一零五三条规定,如果一方自第一次得知配偶通奸后已超过六个月或自通奸情事发生后已超过两年,其就丧失了以通奸为由请求离婚的权利。同样,刑法第二百四十五条第二款也剥夺了纵容通奸的配偶告诉的权利,第八十条规定,如果距离最后一次通奸超过三年,案件将不会被起诉。刑事诉讼法第二百一十六条第一款规定,受害的配偶应当在得知通奸行为的六个月内提出指控。

虽然法官对纳妾适用了新的民法典和修订的刑法中关于通奸的规定,但他们的裁决表明,他们并不认为这些法律的目的是消除纳妾。作为对维护夫妻忠诚这一新价值的公众要求的让步,法学家们愿意在法律的特定范围内将纳妾作为通奸来惩罚。除此之外，纳妾被允许继续存在。

1946年上海的一个案件很好地说明了，面对新的通奸法，法律仍然容忍纳妾。该案的细节表明，黄林妹曾作为童养媳嫁给了黄木生，童养媳是在儿时被卖给未婚夫家庭的小女孩，成年后就嫁给这家的儿子（上海第一特区地方法院Q185-2-6492）。由于他们没有生育任何子女，因此黄木生在七年前娶了寡妇高小妹为妾，并生育了两个孩子，一个五岁的儿子和一个夭折的女儿。黄木生坚称，他的妻子不仅知道他与妾的关系，而且在七年前就已经同意。然而，黄林妹作证说，她直到去年才知道另一名女子的存在，当时她就同时提出离婚和由丈夫支付赡养费的要求，并指控她的丈夫与其妾通奸和重婚。在最初的诉状中，黄林妹援引了她可以利用的所有法律，让她的丈夫为纳妾承担民事和刑事责任。

然而，黄林妹最终输掉了官司。重婚的指控再也没有出现，表明黄林妹撤销了这一指控，因为缺乏证据表明她的丈夫与高小妹的关系在法律上构成婚姻。针对通奸的指控，上海地方法院重点调查了黄林妹是否曾同意丈夫与妾的关系。法院认可了黄林妹长期以来一直纵容她的丈夫与高小妹的关系的言辞证据，并援引刑法第二百四十五条规定的法律依据，即妻子在已经同意的情况下，将丧失起诉通奸配偶的权利，因此驳回了此案。法院以配偶同意为由拒绝审理此案，这也使黄林妹在民事法庭上获得有利判决的可能也化为泡影。即使法庭相信黄林妹多年前不知道也不同意丈夫纳妾的说法，但她在事实发生七年后才提起诉讼，已经远远超过了诉讼时效。法律只给了妻子两年时间以通奸为由与丈夫离婚、三年时间指控丈夫通奸。在那之后,她只能接受现状。

在1943年的一个类似案件中,上海高等法院援引民法典第一零五三条维持了下级法院的判决,驳回了洪黄氏的离婚和赡养费诉讼,因为她同意了她的丈夫与其妾的关系(上海第一特区地方法院Q185-2-468)。虽然洪氏对该判决提出的上诉导致最高法院推翻了最初的裁决,但结果仍然没有改变;最高法院只是命令下级法院根据其对第一零五三条的解释重新审理此案。最高法院没有强调洪氏同意丈夫纳妾,而是强调以通奸为由提起离婚诉讼的六个月期限。最高法院审查了这些日期,计算出洪氏必须在1943年4月3日前提起诉讼。然而,她直到4月20日才提起诉讼。虽然没有新的审判记录,但可以合理地推测,洪氏得知丈夫通奸时,已经过了六个月的起诉期,她因此失去了利用新通奸法以其丈夫包养小妾为由起诉离婚的权利。

对于那些发现自己在娶妾后被好讼的妻子拖上法庭的丈夫来说,这些对通奸条款的豁免提供了一种逃避方式,但前提是法院认为这些豁免适用于本案。1946年,顾其宾援引刑事诉讼法第二百一十六条第一款规定的六个月期限和刑法第二百四十五条第二款规定的默许例外,试图让法院驳回其第一任妻子对他遗弃妻子并与另一名女子交往的刑事指控(上海第一特区地方法院Q185-2-4522)。顾其宾坚称第二名女子是他的妾,而他的第一任妻子坚称他娶了另一名女子,这使他成为重婚犯。上海地方法院根据重婚法审理此案,使顾其宾在诉状中援引的法律豁免变得毫无意义。尽管这些豁免可能会使他免受通奸法的惩罚,但它们在重婚罪的指控上几乎没有什么保护作用,他最终被判有罪。

然而,在适用的情况下,通奸法的例外情况通常限制了妻子与通奸的丈夫离婚的法律行为能力。然而,也有法院对法律的解释有利于妻子的例证。在1948年上海的一起案件中,常茵(音译)以通奸为由向徐克生(音译)提起的离婚诉讼,最初被上海地方法院驳回,但上诉至高等法院后获得批准(上海第一特区地方法院Q185-3-17890)。① 常茵控诉称,她嫁给徐克生时并不知道他在乡下已经有一个妻子,在上海还有两个姘妇。徐克生辩称,常茵和她的父亲知道他有妻子和姘妇,而且常茵早就接受了他和其他女子的关系。地方法院援引民法典第一零五三条驳回了常茵的诉讼,理由是她容忍了一直与徐克生的姘妇生活在同一屋檐下的事实情况。如果她对这一安排不满意,第一零五三条只给了她六个月的时间以通奸为由提出离婚。

然而,高等法院不同意下级法院的结论,即本案已经过了六个月期限。高等法院的理由是,由于通奸是一种"连续"行为,因此六个月的期限应该从已知的最后一次通奸开始计算。高等法院解释说,由于"丈夫不断与某人通奸,妻子起诉离婚的权利也一直存在"(上海第一特区地方法院 Q185-3-17890)。因此,法院得出结论,六个月的期限不是从妻子知道丈夫过去的不检点行为开始的,而是从丈夫最近的一次不检点开始。高等法院也不同意下级法院认可常茵对徐克生与姘妇同居的容忍,而是选择让常茵从怀疑中受益,接受她认为这两名女性是房客的证词。根据对案件事实的重新解释,高等法院认为民法典第一零五三条不适用于本案,因为根

---

① 译者注:未能找到本案卷宗复印件,无法核实姓名,故采音译。

据法院的推算,常茵的诉讼在六个月的期限内,而且她对徐克生通奸的容忍无法得到证明。下级法院和上级法院审查了相同的证据,却得出了完全不同的裁决,这表明第一零五三条的适用具有高度的主观性。尽管在大多数情况下,就像上面讨论的案件一样,第一零五三条限制了妻子与通奸的丈夫离婚的合法权利,但法官也有足够的余地来解释这一条款,使其有利于妻子,正如当前的案件一样。

可以肯定的是,国民党在处理纳妾问题上的记录反映出它缺乏终结纳妾的决心。原先的纳妾安排不受现在法律的约束,法律漏洞限制了通奸法在处理新的纳妾案件时的效力。然而,尽管国民党关于通奸的法律在遏制纳妾方面基本无效,但它们确实标志着 20 世纪初纳妾史中的一个重要时刻。法律上承认纳妾是通奸,这是那些以一夫一妻制的名义游说废除纳妾制的人从立法者手中抢来的让步。在这方面,国民党将纳妾定义为通奸的做法,反映了立法者对与一夫一妻制理念相关的夫妻忠诚的新含义的承认。

## 妾作为家属的法律建构

将有关通奸的民事和刑事规定扩大到纳妾,使不愿容忍丈夫与妾的关系的妻子可以选择起诉离婚或别居,并指控丈夫通奸。但是妾室呢?如果她对自己的生活不满意,她有什么选择?如果她希望留在这个家庭,她有权得到什么保护?帝制晚期的法学家根据妾作为小妻的身份给予她有限的福利,但民国时期的立法者明确否认纳妾与婚姻之间有任何相似之处。他们不得不想出一种不同的方式来谈论妾。

民国时期,在有关妾的法律讨论中,家属的表达方式逐渐淘汰了小妻的话语。家属的类别在妾的特定情况下可能会产生误导,因为它可能意味着比立法者预期的更亲密的亲属关系。民国法学家从家属的角度来界定妾的身份,只是希望将在家庭中居住的一些权利和特权扩展到妾身上。在民法典及其司法解释实施后,人们会清楚地看到,他们的意图是不承认妾是亲属。

从广义上讲,"家属"一词包括所有共同居住的人,无论他们是否有亲属关系。家属中的"家"可以被翻译为"家族""家庭"或"房屋"。将"家"翻译为"家族"意指由血缘或婚姻界定的亲属关系,意味着"血统"。将"家"翻译为"家庭"或"房屋",传达了共同生活的含义,这也体现在"家长"这一词上。① 民国早期法学家在谈论妾时,既用"家族",也用"家长"。例如,在1920年的一项裁决中,大理院使用了"家族关系"来描述寡妇和她已故丈夫的妾的关系(上海第一特区地方法院 Y5-1-38c,2)。国民党法学家倾向于使用更通用的术语"家属",并区分有亲属关系和无亲属关系的家属。② 民法典创制了两种类型的"家属",一类依附于亲属关系,另一类取决于同居关系,反映了国民党立法者试图将亲属关系从家的概念中分离出来的努力。

---

① 1911年编纂的《大清民律草案》将"家长"与"户主"交替使用,后者通常被翻译为"household head"(《大清民律草案》,载《法律草案汇编》1926,vol.2[1911],8)。
② 民国法律承认妾是家属,是因为她居住在家庭中却没有任何亲属关系,所以民国法律对"家"的定义被翻译为"家庭"而非"家族"。

国民党将妾作为家属的建构,是从民国早期的实践演变而来的。尽管妾作为家属的法律地位在整个民国时期都保持一致,但从民国早期法律向国民党法律过渡的过程中,妾的家属身份的法律基础发生了变化:民国早期,大理院将妾作为家属的身份与契约和同居联系在一起,而最高法院和司法院在20世纪20年代末之后完全以同居为基础。

## 民国早期法律中家属的契约基础

尽管成文法从未正式承认妾的家属身份,但大理院、司法院和最高法院的裁决清楚地表明,民国立法者打算将妾归为家属。在1914年的一项裁决中,大理院强调虽然妾与家长的关系在法律上不能被视为婚姻,但出于实用目的,她可以被视为家庭的一员(郭卫编 1933:250)。在短时间内,1915年的几项决定再次确认了妾作为家属的法律身份(郭卫编 1933:208;209;251)。

用家属来定义妾的身份的法律依据是什么?清朝灭亡前不久起草的民法典的早期版本以亲属关系来定义家属的身份(刘素萍主编 1989:425)。然而,在民国早期传阅的草案中,家属的身份是以户籍制度和亲属关系为基础的。① 民国时期的立法者在口头上否认了妾的婚姻状况,他们认为妾的亲属关系要求无关紧要。相反,他们把重点放在调整户口登记上(将居住作为纳入的标准)以适应妾的特殊情况。在1916年的一项裁决中,大理院认为,既然男

---

① 《大清民律草案》,8—9;《民法草案亲属编》,载《法律草案汇编》,vol.2(1915),2;(1925),2。

子与他的妾住在同一个家庭,并以共同生活为目的,那么妾就应该被视为这个家庭的一员(郭卫编 1933:209)。出于这个原因,大理院将姘妇排除在家属的范畴之外(郭卫编 1933:210)。

然而,在民国早期,同居并不是妾获得家属身份的唯一标准。大理院还将妾的家属身份建立在其与家长的契约之上,无论是心照不宣的还是明确写出来的。① 在 1917 年的一项裁决中,大理院表示"妾之家属身份系由契约而生"(郭卫编 1933:210)。在 1919 年的一项裁决中,大理院澄清说,纳妾契约的明确目的是确立妾的地位,不应与正式的婚约相混淆。正如大理院所阐述的,"现行律上关于婚约之规定当然不能适用"(上海第一特区地方法院 Y5-1-38 [vol. 4, ch. 1], 30)。大理院在 1926 年的一项裁决中澄清,纳妾契约不同于男子与姘妇或者同居情人达成的任何协议;只有纳妾契约才使该女子有资格成为家属(郭卫编 1933:239)。因此,纳妾契约的独特性质与妾在家长家的永久居住相结合,使她区别于男子的其他婚外性伴侣,并使其享有家属身份。

大理院用契约来描述男子与妾的关系,这一点也不新颖,只是反映了社会实践中已经存在的东西。纳妾的本质是买卖妇女,而书面契约只是记录了这一事实。一份典型的契约列出了所有相关方:男子、妾、安排结合的媒人,以及女方的父母,他们将获得卖女儿为妾的钱财。契约明确规定,该女子将被收作妾,正式注明交易

---

① 法律不要求签订书面契约来确立男子与其妾之间的关系。在 1918 年的一项裁决中,大理院维持了 1915 年早些时候的一项判决,宣布"契约的存在不需要书面证明,如果有任何证人或其他方法证明当事人所做的意向声明是正当的,那就足够了"(Riasanovsky 1927:95)。

各方的同意,并详细说明妾在男子家中居住的条件(北京地方法院65-8-5994)。大理院在1915年的一项裁决中宣布,双方同意的契约确立了家长与妾的关系,与所有契约一样,任何一方都不能在没有法律依据的情况下解除契约(郭卫编 1933:208)。

## 国民党法律中家属的同居要求

国民党法学家发现,大理院将妾归为家属是一个可行的解决方案,因为这允许他们在不承认纳妾习俗的情况下,给予妾一定程度的法律保护。尽管国民党法学家延续了民国早期的做法,将妾的家属身份与同居联系起来,但他们放弃了妾作为家属身份所附带的契约要求。根据民国早期的法律,妾作为家属的契约基础防止了她无缘无故被赶出家庭;但这也限制了妾与家长断绝关系的能力。无论是家长还是妾,都受到正当理由的约束。国民党立法者希望继续保护妾不被任意驱逐,但他们也希望允许她在愿意的时候结束这段关系。随着新的家属类别的引入,国民党立法者实现了第一个目标,正如第四章所示。如第五章所述,他们通过放弃与妾的家属身份相关的契约表达,实现了第二个目标。

与大理院相比,国民党法学家更加谨慎,确保将家属扩大到妾不会被解释为承认妾是亲属。他们得出的结论是,如果他们希望继续将妾归为家属,他们需要建立一个基于同居而非亲属关系的新类别。① 完全基于同居的新户籍类别的编纂,明确了亲属和家属

---

① Marc van der Valk 指出,国民党立法者创造了新的基于居住的家属的定义,其具体目的是容纳妾、童养媳和其他生活在同一家庭但不受亲属关系约束的人在社会中的持续存在(1939:159)。

之间的区别。只有亲属专门指那些通过血缘或婚姻关系而彼此相关的人。相比之下,家属涵盖了更广泛的一类人,即共同生活在同一个家庭中,但不一定有亲属关系的人。妾可以被认为是"家"的一部分,但国民党法律永远不会认为她是"亲"。为了明确"亲属"和"家属"之间的区别,立法者创建了两类家属:一种基于亲属关系和同居,另一种仅根据同居来定义。在第一种情况下,家被定义为"以永久之共同生活为目的而同居之亲属团体"(第一千一百二十二条)。最高法院在1932年的一项裁决中明确指出,这类家属脱离家庭后,失去了"家属之身份",但没有失去"亲属之身份"(傅秉常和周定宇编1964,2:1147)。大理院前院长余棨昌将这一类群体称为"正家属",以区别于那些没有亲属身份的"准家属"。① 后一类别属于民法典中完全基于共同居住的家属的新类别:"虽非亲属而以永久共同生活为目的同居一家者,视为家属。"(第一千一百二十三条第三款)司法解释后来澄清,这类家属身份的解释适用于妾。② 在1933年的一项裁决中,最高法院解释道:

> 妾之制度,于亲属编施行时业已废止。③ 在亲属编施行后,非有亲属关系而以永久共同生活为目的而同居一家者,依

---

① 在后一类中,余棨昌将女婿、继子、童养媳和妾放在一起(余棨昌1933:107)。其他学者使用了不同的术语来区分民法典中的这两类家属,例如"基本家属"与"附属家属",以及"自然的家属"与"拟制的家属"(陶汇曾1937:235;李宜琛1946b:174;罗鼎1946:248)。

② 参见傅秉常和周定宇编1964, 2:1143;余棨昌1933:107;陶汇曾1937:235;李宜琛1946b:174;罗鼎1946:248—249;诸学方1947:8。

③ 《亲属编》是国民党民法典的第四编,于1930年12月16日颁布,1931年5月5日实施(傅秉常和周定宇编1964,2:979)。

## 第三章　民国中期法律中的纳妾

亲属编第一千一百二十三条第三项规定得视为家属。(郭卫和周定枚编 1934,17:60)

在此之后,一直到中华人民共和国成立前,这成为妾的家属身份的法律基础。①

妾的地位从小妻到家属的转变,处于从儒家产生的父系制度到新的"小家庭"模式的更广泛的变革之中。② 强调夫妻忠诚而非孝道的新家庭理想,是如何容纳家庭中存在的道德上符合父系制度、以限制男子婚外性行为为目的的妾的呢? 显然,她没有容身之处;但是,在新的家庭理想取代社会现实中的父系制度之前,国民党法学家不得不在不承认纳妾及其所代表的父权价值观的情况下处理纳妾。民法典的制定者们忽略了纳妾,但考虑到纳妾在社会上的持续存在,这并不是一个可行的解决方案。家属的新定义为法学家提供了一种将法律适用于不再合法存在的群体的便利方法。

然而,归根到底,纳妾和一夫一妻制在本质上是矛盾的,国民党法学家再多的法律手段也无法改变这样一个事实:无论出于何种意图和目的,妾就是妻,纳妾就是重婚。中国共产党已经在其江西省苏维埃政府和边区的婚姻立法中承认了这一事实,但直到

---

① 虽然妾作为家属的法律建构并没有得到普通民众的广泛接受,但它有时确实对那些希望维护现有纳妾关系的人有用。在 1946 年上海的一起通奸案中,被告在描述自己与妾的关系时援引了家属的法律用语(上海第一特区地方法院 Q185-2-6492)。尽管妾的法律地位被认为对本案无关紧要,但被告提及妾作为家属的身份表明了,一些诉讼当事人是如何利用法律为妾构建的身份作为法律策略的。

② 关于小家庭理想的讨论,参见 Glosser 2003。

1950年婚姻法颁布后,才明确规定纳妾是重婚。与领导层和成员中包括大量养妾的男子的国民党不同,中国共产党在保护纳妾方面没有既得利益。

但是,自身利益只是国民党不愿将纳妾定为重婚的部分原因。考虑到普遍存在的纳妾习俗,立法者担心起诉有妾的男子会破坏家庭,造成社会动荡和政治混乱(《再论通奸罪》1934:3413)。儒家对家庭和谐、社会秩序和政治稳定之间的关系的理解仍然引起了国民党领导层的共鸣。此外,尽管纳妾行为受到知识精英和社会活动家的谴责,但即使在道德上不再合理,纳妾仍然可以被社会接受。

那么,也许国民党将纳妾视为通奸与将妾视为家属的构想,即使不是最好的,至少在这种情况下也是一种暂时的妥协。考虑到国民党法学家的目标(保持稳定和显得现代化),断然否定纳妾的婚姻地位使他们能够在理论上不违背他们对一夫一妻制原则的承诺的情况下保留纳妾。为了迎合一夫一妻制理想中普遍存在的夫妻忠诚观念,国民党立法者将纳妾定义为通奸,以表明他们对结束这种做法的承诺。而妾作为家属的法律建构,使法学家能够在不公开支持纳妾的情况下保护妾的利益。当时和现代的怀疑论者可能会认为国民党对纳妾的法律回应是一种巧妙的策略,它偷偷地引入了一种不合时宜的习俗。但国民党法学家认为,将纳妾定为重婚的社会成本太高,基于纳妾会自行逐渐消失的预期,他们采取了更为温和的办法。

# 第四章　民国早期和中期法律中家属的利益

　　过去的学术研究普遍认为,女性融入亲属网络的程度决定了她的自主程度。然而,对于妾来说,她的行动能力取决于法律如何界定她相对于家长及其家庭的地位;亲属关系虽然是表达这种关系的一种方式,但绝不是唯一的方式。帝制晚期见证了妾逐渐(但从未完全)融入家长家庭的亲属关系网络的过程。在清代,妾被认为是小妻,并通过她的半婚身份获得了新的特权。① 然而,国民党法律明确否定了清代将妾视为小妻的观点,而引入了将妾作为家属的新概念;她不再被看作处于半婚状态。然而,这种否认亲属身份的做法剥夺了妾在清代法律下作为小妻所享有的权利和保护,但这并不一定使她成为受害者,正如将女子的自主性与她的亲属

---

① 自晚明以来,守寡的妾有权享有与寡居的妻子同样的保护,以防被迫改嫁。在清代,贞洁的寡妾在正妻去世后可以享有财产监护权,直到被指定的家长成年。如果她的家长没有儿子,她也可以在家长和正妻去世的情况下选择继承人(Bernhardt 1999:172—178)。

身份联系起来的传统解释所得出的结论。

民国的法学家们意识到,如果希望像他们意图的那样在法律上保护妾,他们需要重新修正而不是否定妾与家长的关系。因此,不应将否定妾的半婚身份误以为是否认妾与家长之间的所有法律关系。目前,立法者决定从家属的角度来看待这一关系,大理院将其建立在契约和同居的基础上,而国民党的法学家只要求同居。虽然妾作为家属的法律身份使她有权享有一定利益,但是她能在多大程度上利用这些利益取决于其家属身份的法律基础。民法典生效后,妾作为家属的基础从契约和同居转变为仅仅是同居。通过这次修订,妾享有的权利在一些部分扩大了,在另一些部分则缩小了。妾的法律利益在民国早期的大理院、民国后期的司法院和最高法院中的演变,表明妾享有的任何利益都取决于法学家对其家属性质的界定。

对于妾来说,法律的修改保护了她免受任意驱逐的威胁,她只要保持家属的身份就能得到赡养。在清代,寡居的妾只有在家长的亲属试图将她赶出家门或者拒绝为她提供经济赡养时,才能诉诸法律。民国早期和国民党法律保障了妾在其家长生前和死后都享有这些权利。然而,这些权利不是无条件的。将一定的法律权利延伸到妾身上,要求妾与家长(如果家长去世,则为继承了家长头衔的人)的关系保持原状。在国民党法学家放弃了民国早期部分界定妾的家属身份的契约表达后,妾必须永久与家长居住在一起,才能有权要求赡养费。向仅基于同居的家属定义的转变也影响了妾脱离关系和起诉要求经济赡养的权利,这将在下一章讨论。

## 任意驱逐

在帝制晚期,妾面临着随时被逐出家门的危险。与正妻不同的是,妾不能享受"七出"①和"三不去"②的保护,这两种制度都为正妻提供了一定程度的安全保障。无论多么有限,"七出"确实限制了男子与合法妻子离婚,而"三不去"使男子更难抛弃她。虽然到明代晚期,丧偶的妾与丧偶的妻同样享有防止被迫再婚的保护,但在帝制晚期的中国,绝大多数的妾没有留在家长家中的合法权利(Bernhardt 1999:172)。大多数男子都可以在没有任何法律后果的情况下把自己的妾赶出家门。

这一切都随着家属类别的引入而改变。现在,妾的新法律地位使她可以享有与家属有关的所有权利。③ 在 1918 年的一项裁决中,大理院裁定"妾为家属之一员,应与其他家属同受相当之待遇"(郭卫编 1933:210)。被承认为家属,为妾提供了免受任意驱逐的法律保护。正如大理院在 1917 年的一项裁决中所保证的那样,家属不能被无端遗弃(郭卫编 1933:210)。1930 年民法典通过后,最

---

① 包括无子、淫佚、不事舅姑、多言、盗窃、妒忌、恶疾(《大清律例》:116.1)。
② 妻子如果存在有所娶无所归、前贫贱后富贵、与更三年丧的情况,就不能被休(《大清律例》:116.1)。
③ 将家属身份扩大到妾并没有削弱她生存的传统模式。在帝制晚期,妾不仅受家长的管辖,还受正妻的管辖。正如大理院在 1917 年的一项裁决中解释的那样,家属受家长的管辖,但妾也受正妻的监督(刘燡元、曾少俊、萧永任编 1929—1931,1:451)。家属身份可能使妾获得长期被剥夺的权利,但这并没有削弱正妻与妾之间的等级关系。

高法院和司法院援引了关于家属的规定,以保护妾不被任意驱逐。

## 民国早期的正当理由要求

在大理院,至少在法律理论上,妾的家属身份的契约定义与她在家庭中的居住,保护她免受任意驱逐。如果像民国早期法学家所主张的那样,一份契约确立了男子与其妾之间的关系,那么这种关系的破裂就意味着正式解除合同。与任何有约束力的协议一样,协议中的任何一方必须提供法律依据才能使契约无效;只有提供正当理由的证明,一方才能解脱(Bernhardt 1994:210—211)。与帝制晚期相比,男子再也不能轻易地摆脱与妾的关系;现在,他必须提供法律依据来解除在纳妾时曾明示或默示同意的契约。

当然,法官在法庭上面临的问题是什么构成正当理由。由于法律不承认纳妾为婚姻,因此大理院明确否认离婚条例适用于涉及妾的案件;然而,许多法官认为可以接受的理由都与离婚的理由相似。① 到目前为止,最常被引用的理由是出轨,这在帝制晚期和民国时期的法律中都是离婚的理由。尽管清代对女性贞洁的崇拜在 20 世纪之交已经衰落,但女子仍然被期望对丈夫保持忠诚,即使是在丈夫去世后。至少在民国早期的法律中,这一点同样适用于妻子和妾。在 1918 年的一项判决中,大理院确认家长或尊亲属有权驱逐有犯奸情事的妾(郭卫编 1933:210)。1928 年最高法院的一项裁决也确认了大理院的裁决(傅秉常和周定宇编 1964,2:

---

① 例如,参见郭卫编 1933:209;Bernhardt,1994:210—212。

1141)。这起案件发生在江苏省泰县,正妻想要驱逐犯奸的寡妾。既然丈夫已经去世,那么正妻是否拥有这一特权?在提出这一问题时,江苏省高等法院提出了一个更为根本的问题,即妾是否应对她的犯奸行为承担民事责任,因为根据最近颁布的刑法,她的行为不再被视为犯罪。① 如果法官要遵循刑法中确立的先例,那么犯奸的妾也应该同样被免除其行为的民事责任。在这种情况下,妾的犯奸情事不再构成脱离关系的理由,妾也不能被逐出家庭。然而,最高法院驳回了这一推理思路,转而支持江苏省高等法院的第二种理论,该理论区分了刑法中处理的国家公共利益和民法中保护的个体私人利益。免除妾的刑事处罚并不意味着她的性出轨行为不会造成伤害。正如江苏省高等法院所强调的那样,"寡妾犯奸有妨家庭安全"。因此,正妻完全有权驱逐妾(刘燡元、曾少俊、萧永任编 1929—1931,1:450—452)。

在上述案件中,妾犯奸的证据使法院认为正妻有正当理由将妾逐出家庭。在另一起案件中,由于缺乏这样的证据,浙江省高等法院驳回了姚璋要求与其妾姚凤娥脱离关系的诉讼。当姚璋提出的理由(妾涉嫌通奸)在法庭上站不住脚时,法官判定其没有满足正当理由要求(郭卫和周定枚编 1934,4:123—125)。随着案件提交到最高法院,姚璋上诉的动机显然是不愿意继续在经济上供养他的妾。然而,正如最高法院解释的那样,男子纳妾后就承担了扶养她的经济责任;他不能在没有充分理由的情况下单方面结束与

---

① 1928 年的刑法废除了禁止和奸良家无夫妇女的法律,该条曾被 1912 年的《暂行新刑律》删除,后来又在 1914 年的补充条例中被恢复。国民党法律认为妾是"无夫妇女"。

她的关系。

民国早期的法庭案件很少,因此很难评估地方审判厅如何解释正当理由的要求,以及它在多大程度上被用来挫败摆脱不想要的妾的企图。为了填补部分空白,本研究查阅了京师警察厅的记录。史谦德(David Strand)指出,在晚清时期,由新成立的京师警察厅负责处理涉及民事和刑事法律的轻微案件,这显然让县知事感到不安(Strand 1993:70)。他还指出,有其他证据表明,法律工作属于京师警察厅的职责范围。例如,为京师警察厅培养警官的警察学院发表的演讲,将"解释法律和习俗"确定为警察部队的一项任务(Strand 1993:76)。事实上,警方档案显示,京师警察厅有一个分支机构——司法处,负责处理法律事务。

在下面讨论的报告中,妾与其家长之间的纠纷都是在警察厅内部处理的。尽管这些案例都是坊间传闻,而且仅限于北京,但它们确实表明,警方出面调解了男子与其妾之间的民事纠纷。它们还表明,这些有妾的男子对法律非常熟悉,知道他们不能简单地赶走不想要的妾。当然,有些男子觉得没有必要向法院或者警方证明自己的决定的正当性,就把自己的妾赶走了。但这些报告中的男子向当地警察局求助的事实,恰恰表明人们对法律的认识日益增强,在前不久还被认为是私人事务的问题上,也越来越多地接受国家权威。

警察厅在适用正当理由的要求方面没有法院那么严格,他们在听取有关各方的陈述并记录离异情况后,通常毫无疑问地接受了这些案件中男子提供的摆脱妾室的理由。尽管必须给出驱逐妾的理由,但警方接受的一些理由含混不清,这就引出了一个问题,即民国早期的妾是否实际上受到不被任意驱逐的保护。例如,许多警方报告中出现的原因是"不安于室"和"不守家规",这些笼统的类别可以涵盖广泛的情况。顾名思义,有过错的是妾;与正当理由的要求不同,这些离异理由不适用于男子。当在警方报告中被引用时,它们可能指的是相对严重的罪行,比如妾的通奸或更琐碎的事情,如挑起争吵或整夜不归。① 毫不奇怪,妾的形象总是被描绘为负面的。在一宗以"不安于室"为由驱逐董翠红的案件中,警方报告详细描述了这个"放荡"的妓女出身的妾的暴力行为和她的"不改旧习"(北京地方法院 J181-19-35691)。在 1923 年的一个案件中,姜楚川请求与他"非常凶恶"的妾郦氏离异,郦氏的"凶狠成性"表现在她对他母亲的虐待和对他的恶意态度中(北京地方法院 J181-18-18104)。

一方面,警察厅对分居案件的处理反映了大理院对正当理由要求的解释:妾在性方面的任何不检点迹象都是驱逐她的充分理由。在警方报告中,这被归为"不守妇道",这是一个传统说法,反映出帝制晚期对女子性忠诚的期望在民国早期仍然具有影响力。正如 1924 年的一份报告所指出的那样,仅仅是对不当行为的怀疑就足以让男子同他的妾脱离关系(北京地方法院 J181-31-2961)。由于他的正妻与妾经常争吵,因此该男子把妾安排在一个单独的住处。有传言称看到另一名男子多次探访这位妾,这促使她的家长向警方报案。同样,1923 年一名北京商人向警方报案,指控他的妾通奸,并要求断绝与她的关系(北京地方法院 J181-19-38998)。

---

① 例如,参见北京地方法院 J181-19-35164;北京地方法院 J181-18-567。

在向警方的陈述中,当时住在娘家的妾表示了要回到家长家的愿望。由于缺乏法律案件记录,这两起案件的结果都不清楚,但如果这件事被提交到法院,根据大理院过去的裁决,只要可以证实妾的通奸,法院很可能会站在这两起案件中的男方一边。

在1926年一个更完整的案件中,岳文轩也请求警方帮助与其妾马素卿离异;他也指控妾犯有通奸罪(北京地方法院 J181-18-19584)。警方报告显然站在岳文轩一边,描述了该妾"天性不驯",指出在家长另纳一名妓女为新妾之后,她指桑说槐乱闹地顶撞家长,并强调了她有情人的间接证据。在这种情况下,警察厅调解使其离异。

在另一个案件中,刘镜清19岁①的妾姚荣贞被驱逐的原因是,该妾被指控的通奸被定性为"不安于室"(北京地方法院 J181-19-50848)。根据刘镜清对事件的描述,姚荣贞在进入家庭几天后就开始与正妻争吵,这使他将其安置在一个单独的住所。六个月后,刘镜清开始怀疑妾在他不在时的活动。根据刘镜清派来监视该妾活动的冯式青的证词,在为她安排的房子里找不到姚荣贞。冯式青遵照雇主的指示,到姚荣贞经常留宿的陈家打听;在那里,他终于找到了失踪的妾。针对冯式青暗示她有外遇的说法,姚荣贞解释说,她的家长知道她要和一些亲戚去游玩,她为了方便就在陈家过夜。双方发生了激烈的争吵,冯式青代表他的雇主将姚荣贞拖到了派出所。

根据姚荣贞向警方的陈述,刘镜清是厌倦了他的妾,并想利用

---

① 根据中国的习俗,人出生时即一岁,随着每年农历新年的推移再增加一岁。根据西方习惯计算的年龄要比给出的数字小一到两岁。

这个机会与其脱离关系。在对警方的陈述中,姚荣贞称她离开刘家的原因是正妻拒绝容忍她的存在而将她驱逐。她报告说,家长曾多次告诉她不再有能力供养她,允许她再婚,并命令她签署一份书面保证。她显然是拒绝了,这迫使刘镜清寻求另一种方式来抛弃她。

事实上,刘镜清坚持让他的妾书面同意离异,并且在她拒绝配合的情况下继续勉强地供养她,这证明了民国法律对男子驱逐不想要的妾的传统特权的限制。然而,尽管法律现在保护妾不被任意驱逐,但民国早期的一些当权者似乎相当愿意允许男子抛弃他的妾,只要他能提供一个理由,而无论其多么站不住脚。在此案中,警方站在了刘镜清一边,记录了他与妾的离异,接受了他的含沙射影,即姚荣贞在陈家过夜是为了掩盖她与另一名男子高家馀的通奸行为。在对警方的陈述中,姚荣贞和高家馀都强烈否认发生过奸情,而姚荣贞在与刘镜清断绝关系后被送到了妇女习工厂,那里的一封公函表明,通奸罪的指控因证据不足而被撤销。如果此案上了法庭,刘镜清就不可能轻易地与姚荣贞脱离关系,因为案件事实表明,这很可能不符合正当理由的要求。根据大理院反对任意驱逐妾的裁决,姚荣贞本可诉诸法律,但她似乎并没有这样做,很可能是因为她不熟悉法律的变化,也缺乏资源与她的家长展开法律斗争。诸如此类的案件表明,大多数妾仍然面临被驱逐的危险,尽管他们的家长现在必须提供一个理由(即使不一定是正当的理由)来宣布与他们的妾脱离关系。

在 1926 年的另一起案件中,高振源想要与他的妾高王氏离异时也求助于警察厅。这里也一样,对妾通奸的怀疑被表达为"不安于室""不守家规""不守妇道"(北京地方法院 J181-19-50861)。由于与正妻的矛盾,高王氏目前住在别处。高王氏把自己被赶出高家归咎为正妻的虐待,而高振源将妾的迁离归咎于她与正妻的不断争吵;他自己与妾的关系也很紧张。与前一起案件一样,高振源是在妾在另一户家庭中被找到后报案的,她大部分时间在那里度过;和姚荣贞一样,高王氏也被指责在外过夜,这使她落下了"不正行为名声"。和刘镜清一样,高振源也要求将他的妾交给妇女习工厂管束,在那里,她的错误将得到教导,并在寻找新配偶方面得到帮助。

在最初报案时,高王氏反对高振源与她脱离关系的企图,但在她的母亲和一名亲属的协助下达成调解后,她最终默许了。在警察厅处理的离异案件中,妾的陈述或警方报告都正式注明了她的同意。同样,当被抛弃的妾嫁给另一名男子时,就像上面讨论的一些案件中发生的那样,负责监督这种安排的妇女习工厂的管理者总是在向警方的报告中谨慎地强调,该妾是自愿结婚的。① 严格来说,妾不能被任意驱逐和强迫改嫁,但整个过程的标准化语言和程序化性质表明,在大多数情况下,记录妾的同意只是一种形式。

尽管有了禁止任意驱逐妾的新法律保护,但民国早期的大多数妾仍然面临着因微不足道的事由而被驱逐的命运。1927年的一个案例表明,权力的天平仍然非常有利于男性。与前几起案件中的男子一样,47岁的高家瑞以"不安于室"为由摆脱了刚纳一年的妾——20岁的沈秀英(北京地方法院 J181-18-20722)。然而,高

---

① 典型案例参见北京地方法院 J181-18-20718。

家瑞将"不安于室"理解为在家里制造麻烦,而不是整夜不归放荡玩乐。他的最主要抱怨是她和他的正妻因为"细故""争吵不休",这让他"不能度日";高家瑞没办法,只好暂时把沈秀英安置在他工作的公司。警察站在高家瑞一边,这一点清楚体现在对这位前妓女的描述中,她是一个"劣性已成""不顾廉耻"的泼妇,与邻居争执,经常与正妻发生冲突,有时候甚至大打出手。警方将这名妾多次试图自杀的原因解释为未能获得长期忍受的高家瑞的同情。受够了这种情况的高家瑞求助于警方,要求与沈秀英离异。

沈秀英在向警方的陈述中反对离异,她解释说她没有娘家可回,仍希望和高家瑞在一起。她承认自己与正妻的长期争吵导致高家瑞提出控告,并承诺如果高家瑞将她接回,她就停止自己的行为。显然是出于和解的心情,高家瑞表示同意,并在陈述中指出,由于他最初申请离异的唯一原因是他的正妻和妾之间不断的争吵,因此沈秀英停止争吵的承诺足以说服他把她带回去。高家瑞仅仅通过向警方报案,就有效地利用驱逐的威胁控制住了他的妾。对于沈秀英来说,顺从似乎是避免被驱逐和前途未卜的唯一途径。

在上述案例中,妾对家长提出的离异要求提出了异议,尽管其中一些人最后还是顺从了。当妾没有表示反对时,警方的报告就注明她的同意,并记录下离异。在1926年的一起报案中,一名男子在发现他的妾与另一名男子通奸时,宣布与她脱离关系(北京地方法院 J181-19-50389)。该妾承认通奸,由于她没有对男子与她脱离关系的愿望表示反对,因此警方的报告只是记录了他们的离异。在1924年的一份更完整的记录中,俞海泉控告他的妾王王氏,称她"不守家规"和"不安于室";他要求把她送到妇女习工厂,并为她另择新的配偶(北京地方法院 J181-19-41777)。在向警方的陈述中,王王氏欣然同意断绝关系,他们的离异也被正式记录下来。同样,高玉海报告说,他的妾芮氏"不安于室",要求将她送到济良所另行择配安置(北京地方法院 J181-19-41781)。芮氏同样渴望结束这段关系,因此表示同意,并要求允许她回归娘家。

并非所有以离异告终的案件都是这样开始的。在上述大多数案件中,这些男子都是去警察厅举报他们的妾通奸。在1918年的一份最初被记录为人口失踪案的档案中,王丕焕以盗窃为由与离家出走的妾王魏氏断绝了关系(北京地方法院 J181-18-9210)。在向警方的陈述中,王丕焕解释说,他的妾有一天下午没有像往常一样回家,一名女仆也不见了。他很快发现家里少了一些东西,于是怀疑他的妾在女仆的陪同下带着他的贵重物品潜逃了。警方展开了调查,最终在妾的母亲家中找到了失踪的女子和被盗物品。根据警方的报告,女仆和赃物被送回王家,王丕焕与其妾脱离了关系。

如上文讨论的一些案件所示,除了调解男子与其妾之间的纠纷,警察厅还经常处理男子将其误入歧途的妾送到妇女习工厂的请求。史谦德在他的研究中提到,京师警察厅设立了改造学校和济良所等机构(Strand 1993:72)。妇女习工厂是否由警察厅管理尚不清楚,但案件档案确实记录着妇女习工厂的负责人向警察厅报告的每一名被送到习工厂的妇女的情况。在大多数案件档案中,习工厂被描述为女子学习新技能和接受道德教育的地方。有一起案件中将习工厂描述为逃离家庭虐待的女子的避难所(北京地方法院 J181-19-29064)。然而,一些案例表明,这家工厂的运作有点像劳改监狱。妾赵王氏因通奸被判在妇女习工厂服役四个月（北京地方法院 J181-19-27266；北京地方法院 J181-19-27867；北京地方法院 J181-19-27868）。同样，妻厉吴氏因通奸被判在工厂管束六个月（北京地方法院 J181-19-40353）。档案记录表明，在大多数情况下，如果家长还接受她们，妾可以在服刑期结束后回到她们的家长家里。如果这些男子拒绝把她们带回去，警察厅就会记录下他们的离异，并为被遗弃的妾找到新的配偶，或者在条件允许的情况下，将她们送回娘家。在1917年的一份报告中，21岁的扬州人李小芬因"不守家规"而被家长抛弃，并被交由济良所看管（北京地方法院 J181-18-8521）。她在工厂的工作期满后，嫁给了陈葆元为妾。

当男子拒绝接回他的妾时，她通常会被送到妇女习工厂，就像之前的案例一样。然而，1918年的一份报告中的妾，因患"疯症"而被送到了疯人收养所（北京地方法院 J181-18-9388）。林联盛在陈述中描述他40岁的妾刘氏多年来的所作所为，让他相信她精神不稳定。最近，她随意放火烧了一些东西，这让他担心家庭的安全。这份报告没有对林联盛的说法进行调查，只是记录了刘氏被送进疯人收养所的情况。这起案件和之前的案件都表明，警方往往是为了男子的利益而采取行动的。警方通常对男子的指控信以为真，如果进行调查，通常会证实男子的说法。当然，也有例外情况，一些寻求警方帮助的妾确实获得了有利于她的解决方案，这将在稍后讨论。然而，在民国早期的大多数情况下，男子想要与其妾脱离关系是很容易做到的。

## 国民党民法典的正当理由要求

1931年民法典实施后,最高法院和司法院继续要求家长遵守正当理由要求,以保护妾不被任意驱逐,但他们不再援引大理院对纳妾的契约解释。相反,他们的裁决依据的是民法典第一千一百二十八条,该条要求家长提供正当理由来主张与家庭成员脱离关系。① 同样的情况不适用于妾,如果她对这样的安排不满意,那么她可以直接离开。正如将在下一章讨论的那样,国民党法学家拒绝了关于纳妾的契约观点(男子和妾都要符合正当理由的要求),以便使妾也享有不受限制地脱离关系的权利,同时仍然保护她不被任意驱逐。

正如民国早期法律一样,正当理由要求旨在保护妾免受任意驱逐。在1932年的一起案件中,最高法院驳回了50岁的王巨卿与他44岁的妾张氏脱离关系的上诉。在法院看来,王巨卿只是厌倦了他的妾,想把她赶出家门(郭卫和周定枚编1934,8:41—43)。如果在清代,这完全是他的权利,但在民国,他不再享有这种特权。法律现在保证妾在这个家庭中居住的权利,张氏坚持维护自己这样做的权利。虽然张氏不爱她的家长,但留在家里至少保证了她的经济安全。同年,最高法院还驳回了52岁的严友生与他23岁的妾高惠贞脱离关系的上诉。法院裁定,严友生没有正当理由要求脱离关系。最高法院维持了下级法院的判决,谴责严友生"任意令

---

① 在已出版的司法院和最高法院的意见汇编中,家长对其妾提起的脱离关系诉讼的判例被归到第一千一百二十八条项下。

其妾离异"的企图是违法的(郭卫和周定枚编 1934,8:43—45)。

然而,正当理由要求缺乏明确的标准,这意味着法官在确定家长是否有正当理由要求脱离关系时有很大的回旋余地。民法典第一千零五十二条将离婚权利限制在十个特定条件下,①但第一千一百二十八条对脱离关系的法律依据仍然含混不清。案件记录表明,法官对正当理由条款的解释相当宽泛,往往超出了离婚的十个理由。1931年12月,山东的一个地方法院批准了62岁的王立春与他20岁的妾姜桂苓脱离关系的请求,王立春称姜桂苓吸食毒品成瘾(郭卫和周定枚编 1934,10:67—70)。法官接受以妾有毒瘾为正当理由,并下令离异。② 在1937年的一个案件中,最高法院宣布,仅仅交换情书就足以满足法律的正当理由标准(傅秉常和周定宇编 1964,2:1149)。在促成这一裁决的案件中,一名寡居的妾被发现与另一名男子通信。该妾的已故家长的儿子(继承了家长头衔)起诉要求与其脱离关系。从这位新家长的角度来看,这些情书构成了无可辩驳的证据,证明寡居的妾与她的男性通信者有犯奸情事。最高法院同意了这一解释,认为新家长已经满足了脱离关系的正当理由条件。如果法律要求在离婚案件中提交性交的证据,那么在涉及妾的案件中,仅仅暗示不道德的性行为就足以构成

---

① 这些包括:重婚者;与人通奸者;夫妻之一方受他方不堪同居之虐待者;妻对于夫之直系尊亲属为虐待,或受夫之直系尊亲属之虐待,致不堪为共同生活者;夫妻之一方以恶意遗弃他方在继续状态中者;夫妻之一方意图杀害他方者;有不治之恶疾者;有重大不治之精神病者;生死不明已逾三年者;被处三年以上之徒刑,或因犯不名誉之罪被处徒刑者。
② 尽管山东省高等法院和最高法院后来质疑王立春关于其妾吸食海洛因的真实性,但两级法院都没有质疑地方法院关于吸毒构成脱离关系的正当理由的判断。

脱离关系的法律理由。事实上，正如许多其他案件所证明的那样，法院很容易将妾的任何性不检点迹象都作为正当理由(郭卫编1933:251;254)。

家长提起的诉讼揭示了当事人为满足法院的正当理由标准而提出的各种理由。① 通常情况下，家长会与律师合作，塑造一个足够有力的情况，来说服法庭他有充分的理由要求脱离关系。提出的一些理由包括：拒绝发生性关系、频繁勒索钱财、过激的暴力行为、爱发脾气和挑起争论、偷家里的东西、不顺从和懒惰。② 显然，他们的策略是把妾描绘成不讲理、贪婪、脾气暴躁、忘恩负义的人，她没有履行她的职责，她的行为扰乱了家庭。

在许多此类案件中，法院严格按照法律意义上的理由拒绝了家长要求脱离关系的请求，因此很难最终确定什么符合法院对正当理由的定义。③ 司法院和最高法院对下级法院就第一千一百二十八条正当理由条款含义的询问逐案作出回应，并没有列出详尽

---

① 这些诉讼大多以庭内或庭外调解告终。从北京市和上海市档案馆挑选的案件中，少数几起进入审判阶段的案件都因一些法律技术问题而失败。家长提出脱离关系的案件往往伴随着妾提起的重婚诉讼，妾断言该男子已娶她为合法妻子。在这种情况下，法院援引了民事诉讼法第一百七十八条第一款的规定："诉讼全部或一部之裁判，以他项诉讼之法律关系是否成立为据者，法院得命在他诉讼终结以前，中止诉讼程序。"在涉及妾的案件中，民事法庭在明确诉讼双方的法律关系之前拒绝作出裁决。如果刑事法庭裁定重婚，民事法庭则宣布该女子为合法妻子而非妾；因此，脱离关系的请求属于废除重婚的第九百九十二条的管辖范围，而不属于家长与家庭成员脱离关系的第一千一百二十八条的范围。一些典型案例参见北京地方法院 65-18-2174；北京地方法院 65-18-2064。
② 参见北京地方法院 65-18-2064；北京地方法院 65-23-2335；北京地方法院 64-18-3063；北京地方法院 65-23-6641；北京地方法院 65-18-2174。
③ 在许多案件中，当满足婚姻的法定条件时，法院承认妾是合法妻子，这意味着脱离关系的诉讼被重新归类为离婚。

的清单。这使法院在解释正当理由要求方面拥有极大的自主权。

从表面上看,民国法律为妾提供了一定程度的保护,使其免受任意驱逐,这是她们以前从未享受过的。然而,档案记录提醒人们注意这样一个事实,即根据新法律应该发生的事情并不是总能很好地转化为社会现实。1933年北平特别市公安局的一份简短报告描述了梁氏的悲惨处境,她是一位被家长"离婚"的妾(北京地方法院 J183-2-4378)。尽管报告中并没有提到她与家长离异的情况,但很明显,该妾在脱离关系后一贫如洗。对于梁氏和许多像她一样的妾来说,她们唯一的生活途径就是留在家长家中。

## 扶养

不被任意驱逐的保护保证了妾能获得经济供养,因为只要她保留家属的合法身份,法律就维护她的受扶养权。民国法律将取决于她与家长的关系是否保持完好的扶养与脱离关系后作出的其他形式的财务安排区分开来,无论是赡养费还是赔偿损失。这些并不属于民国早期和国民党法律所定义的扶养范畴的财务处理将在下一章讨论。

在清代,妾随时都受到被任意驱逐的威胁,使受扶养更多成为一种有条件的特权,而不是一种法律保障。清代法律对妾几乎没有提供什么保障;她在家庭中的地位和她的生活来源取决于她的家长的心血来潮,尽管如前所述,法律赋予丧偶的妾与丧偶的妻子同样的继续居住在家庭中并由家庭扶养的权利。

然而，妾在帝制晚期法律下享有的任何保护都是偶然的，而不是得到保证的。相比之下，民国立法者有意识地为妾创造了一套与她作为家属的身份相挂钩的权利。与妾享有的任何其他权利相比，受扶养权受到国民党立法者决定取消与民国早期妾的家属身份相关的契约定义的直接影响；根据国民党法律，妾的家属身份完全基于同居。

## 民国早期的扶养要求

从民国初年开始，妾受扶养的权利是以家属的话语来表述的。正如大理院在1914年的一份判决中所解释的那样，"凡为人妾媵者，与其家长虽无法律上婚姻关系，然苟事实上可认为家属之一人者，其家长即应负养赡之义务"（郭卫编 1933：250）。值得注意的是，大理院使用的"家长"一词，可以指妾的家长或任何控制家庭财产的人。如果妾的家长去世了，养赡妾的经济义务就转移到新的家长身上。妾的扶养主张依附于家庭财产而不是她的家长，尽管是她与已故家长的关系使她有权继续得到扶养（Bernhardt 1999：187）。

这样，守寡的妾继续享有她在帝制晚期所享有的同样的受扶养权，但现在这一权利在法律上是以她的家属身份为基础的。在1915年的一项裁决中，大理院将妾在家长去世后继续享有扶养的权利建立在其家属身份的基础上，并明确禁止新家长强迫她改嫁或者在没有正当理由的情况下将她逐出不顾（郭卫编 1933：251）。同样，大理院在1917年的一项裁决中援引了妾的家属身份，要求不久前去世的家长的亲属为妾的福祉承担经济义务(郭卫编 1933：253)。大理院的其他许多裁决都维护妾的受扶养权,只要她仍然是家属之一员,并且没有驱逐她的法律理由。①

众多支持守寡的妾享有受扶养权的裁决,很可能是对已故家长的亲属试图逃避对守寡的妾的经济义务的行为的一种回应。法庭案例证明,守寡的妾在诉诸法律时获得了成功。在1914年的一起案件中,直隶高等审判厅支持了一名守寡的妾和她年幼的儿子享有受扶养权(《直隶高等审判厅判牍集要》1915,1：332—336)。家长在去世之前已对财产作出安排,以确保扶养他56岁的正妻、39岁的妾及其7岁的儿子;这三个人要靠他积累的财富的利息生活,直到指定的继承人(妾的儿子)成年并承担起作为一家之主的责任。由于对这一安排不满,正妻设法剥夺了妾及其儿子的受扶养权,这一举动先后被天津地方审判厅和直隶高等审判厅阻止。两级审判厅都支持妾享有继续由其已故家长的财产扶养的权利。

在1920年的一个案件中,大理院同样确认了一名守寡的妾得到扶养的权利。正如前一起案件中的妻子一样,本案中的妻子也希望在丈夫死后摆脱他的妾。然而,她试图卖掉妾的行为导致她被判是略诱妾的共犯。她一路上诉到大理院,但大理院并没有像她所希望的那样推翻判决,而是纠正了下级审判厅对其罪名的分类。在提到妻子对守寡的妾的法律义务时,大理院认为,妻子"既于夫死后承受夫之财产,则对于为其故夫守志之妾当然有扶养之义务"(上海第一特区地方法院 Y5-1-38c,2)。基于这一情况,大

---

① 例如,参见傅秉常和周定宇编 1964,2：1129;郭卫编 1933：250。

理院得出结论,该案属于1912年《暂行新刑律》的补充条例第九条的管辖范围,该条的部分内容是,"依法令契约担负扶助、养育、保护义务,而强卖和卖其被扶助、养育、保护之人者,依刑律第三百四十九条、第三百五十一条、第三百五十二条及第三百五十五条处断"(*The Provisional Criminal Code of the Republic of China* 1923:126)。通过将第九条适用于此案,而不是像下级审判厅那样适用更一般的略诱和诱法律,大理院强调了妻子对亡夫的妾所承担的特殊义务。作为新的家长,妻子继承了她的亡夫对妾的法律义务,如果她试图卖掉妾来逃避经济义务,她将面临同样的惩罚。民国法律保障了妾在家长生前和死后都继续居住在家长家中并受家长财产扶养的权利。

值得注意的是,大理院将贞洁的条件附加到妾受扶养的合法权利上,这证明了帝制晚期通常将女子的法律保护与贞洁联系在一起的思想的持续存在(Bernhardt 1999:176—178)。在1919年发布的另一项裁决中,大理院保证只要守寡的妾保持贞操,她就有权获得扶养。大理院解释说,如果缺乏这个条件,守寡的妾就无权向已故家长的亲属起诉要求扶养(上海第一特区地方法院 Y5-1-38 [vol. 4, ch. 6], 42)。妾受扶养的权利取决于她是否忠诚于已故家长。由于犯奸或再婚违反了她与已故家长签订的契约,因此他的家人——他对妾的契约义务已经转移给其家人——不再需要继续扶养她。虽然大理院保护守寡的妾免受任意驱逐的威胁,并保证她的受扶养权,但这些法律保护是有条件的。

在民国早期,居住在家长家中并不是一项要求,但在国民党民法典通过后这就成为一项要求。民国早期法律强调男子与妾关系的契约性,这意味着妾可以分居安置并仍然享有受扶养权。正妻和妾不和,是男子在别处安置妾的最常见原因。在1918年北京警方接到的一起案件中,一名男子解释说,由于他的正妻和妾之间感情不和,他发现不可能与两名女子住在同一个家中。因此,他为妾租了一所房子,并每月给她一点零花钱。根据1925年的一起案件,一名迁居天津的男子在其第三位妾拒绝在天津居住时,仍继续每月为其提供零花钱。

在某些情况下,妾可以单独居住,在家长去世后仍然有权获得扶养。在这段关系被正式解除之前,妾继续拥有作为家属的权利;家长的去世和她的单独居住都不影响她对扶养的合法要求。1915年的一项裁决为住在别处的守寡的妾起诉要求扶养打开了大门,只要她能向法庭证明她不可能与正妻或家长的继承人同居生活(郭卫编 1933:252)。如果妾在家长生前就分居生活并获得扶养,那么要求继续扶养就更容易了。在1921年的一个案件中,一名男子的妻子和妾由于纠纷造成的敌意已经分居生活。大理院承认,由于该男子死后,其妻与妾之间的关系继续紧张,因此现有的安排将保持不变,两名女子将继续居住在各自的住所,就像该男子生前一样。在这种情况下,大理院断定:"仍听其别居亦无不合。"(上海第一特区地方法院 Y5-1-38 [vol. 4, ch. 1], 31)

有趣的是,大理院使用了不同的术语来描述该男子生前和死后妻子和妾各自的生活安排。"别居"一词具有法律意义,而"分居"一词只是简单地描述了这种情况。民国时期对"别居"的裁决意味着,当妻子不再与丈夫同居时,丈夫仍有法律义务为妻子提供扶养。在1920年的一个案件中,大理院指出,尽管夫妻双方有同居

85

生活的法律义务,但如果有无法忍受的条件使同居不再可能,或者一方配偶同意分居,那么任何一方都可起诉要求别居(上海第一特区法院 Y5-1-38［vol. 4, ch. 3］, 35)。别居的传统翻译是"司法分居"(judicial separation),强调了法庭在使分居合法化和强制扶养妻子方面的作用——几乎所有的案件都是考虑到女子对男子的经济依赖。

在上面讨论的 1921 年的裁决中,大理院将妾有权在单独家庭居住时获得扶养定性为别居,表明大理院将妻子别居的法定权利扩展到了妾的身上。虽然成文法没有做出这样的保证,但大理院认为,在这种特殊情况下,赋予妾别居的权利符合法律的精神。然而,民国后期的法学家们不再将"别居"一词适用于妾,而将其仅用于夫妻关系。民法典通过后,如果妾住在别处,她们就不能再要求扶养。

## 国民党民法典对扶养的同居要求

在司法院和最高法院的管辖下,妾作为家属的契约依据消失了。对妾作为家属的契约性质的淡化,与民法典中新的完全基于同居的家属类别的创制相吻合,这一类别现在成为妾的家属身份的法律基础。妾的家属身份的法律基础的变化对她受扶养的权利具有重要影响。

与民国早期一样,妾的家属身份使她有权获得扶养。民法典第一千一百一十四条保障了家属的受扶养权,国民党法学家援引这一条款来保障妾的受扶养权。正如最高法院在 1931 年的一项裁决中所解释的那样,"妾既同居一家共同生活,即为家属之一员,家长对于家属,亦应负扶养义务"(傅秉常和周定宇编 1964,2:1130)。只要妾还留在家里,家长就有义务扶养她。

她的家长去世后,这一义务并未终止。与民国早期一样,扶养妾的经济义务转移到新的家长身上。正如最高法院在1935年的一项判决中所解释的那样,"若系同居一家,正室并为家长时,其夫妾则可视为家属"(傅秉常和周定宇编 1964,2:1132)。正如民国早期的情况一样,只要妾仍留在家中,并且没有提供可以解除她与家长关系的法定理由,她就终身有权获得扶养,而无论谁拥有家长的头衔。

但现在,妾的家属身份的法律基础是同居,她必须留在家中才能继续获得扶养;一旦她离开,她就失去了家属的身份,从而也就失去了获得扶养的权利。① 正如最高法院在1933年的一项判决中所宣布的那样,"若欠缺同居之条件,即不得谓之家属,更何得于不同居之后,而请求给付扶养费"(傅秉常和周定宇编 1964,2:1130)。由于民法典对家属的新定义,妾不再有选择住在别处并要求家长扶养的权利。

尽管最高法院没有援引上文讨论的大理院1921年的裁决,即把别居的权利扩大到妾身上,但它明确否定了"别居"一词适用于妾。在1933年发布的一项判决中,最高法院解释道:

---

① 白凯的研究表明,法院将民法典关于扶养的规定及其同居的规定适用于1931年民法典实施后所纳的妾;在此之前为妾的女子还要遵守大理院关于妾受扶养的权利的规定,该规定没有居住的限制。(Bernhardt 1999:191—195)

> 别居之诉唯妻对于夫始得提起之,至妾对于家长并无亲属关系,苟非以永久共同生活为目的同居一家,即不得视为家属,更无所谓别居。(郭卫和周定枚编 1934,12:49—51)

由于要求别居的权利仅限于合法婚姻的夫妇,因此妾(不是妻子)不能提出这样的要求。第一千零一条规定:"夫妻互负同居之义务。但有不能同居之正当理由者,不在此限。"如果是这样的话,那么任何一方如果希望保持婚姻关系,但不与配偶住在一起,都可以申请别居。① 但是,在妾的案件中,只要她没有提供家长与她脱离关系的法律理由,司法院和最高法院就赋予她留在家中的权利,或者她如果愿意,可以自由离开。既然法律没有规定妾和她的家长必须像夫妻那样生活在一起,那么妾有什么必要要求别居呢?正如最高法院在1933年一份驳回妾的别居请求的裁决中所认为的那样,"妾如不愿与其家长同居,原属其自由,在法律上本无何种限制"(郭卫和周定枚编 1934,14:43—45)。然而,她一旦离开,就是与家长脱离了关系,并失去了任何对扶养的主张。

然而,在某些情况下,守寡的妾即使单独住在别处,也可以要求扶养。与民国早期一样,如果守寡的妾在家长生前已经单独居住在别处,她就可以起诉要求扶养。但在民法典生效后,其法律依

---

① 例如,妻子可能无法忍受与丈夫的妾生活在一起,但又不愿提出离婚,因为这将意味着放弃她作为正妻的地位和特权。在一些判决中,最高法院和司法院支持了合法妻子在丈夫带妾回家时起诉要求别居和继续获得扶养的权利(傅秉常和周定宇编 1964,2:1027—1028;《最高法院判例要旨》1954,1:197)。关于妻子因丈夫与妾的关系而起诉要求别居并取得不同程度成功的地方案件记录,参见北京地方法院 J65-18-1824;北京地方法院 J65-19-4362;北京地方法院 J65-19-5042。

据是第一千一百四十九条,该条款保证了已故者扶养的人能够继续得到扶养(Bernhardt 1999:194)。在家长去世后搬离家庭的妾,只有在民法典实施前已经为妾,才能起诉要求继续扶养(Bernhardt 1999:193)。在这两种情况下,守寡的妾单独居住在别处仍然有权获得扶养,或者是由于先前已住在别处,或者是在相关法律生效前就已经获得妾的身份。因此,在1931年民法典实施后为妾的女子,或在其家长在世期间与正妻住在同一家庭中的女子,法律规定她只有在家长去世后仍留在该家庭才能获得扶养。

　　法庭案件及成文法和司法解释表明,妾享有的权利和保护取决于法庭如何界定其相对于家长及其家庭的身份。从表面上看,妾的合法利益源于她作为家属的新身份;然而,妾的家属身份的法律基础发生了变化,影响了她可获得法律利益的类型,以及她可以要求这些利益的程度。在民国早期,大理院明确表示家属的契约观念和妾在家庭中的居住决定了妾的合法权利。民法典实施后,以同居为基础的家属类别成为妾的法律利益的基础。法律如何界定妾的家属身份的法律性质,决定了她可以要求的法律利益的范围。

# 第五章　民国早期和中期法律中的脱离关系和扶养

虽然纳妾的做法受到了广泛谴责,但妾的形象令人同情。无论妾被描绘为儒家家庭制度的牺牲品、男人性欲的棋子还是客观环境的受害者,她显然需要拯救。民国早期和国民党的立法者们试图通过将附着于家属的权利和保护延伸到妾的身上来实现这一点。然而,为了获得新的法律利益,妾必须留在她的家长家中。

如果她决定离开会怎么样?由于妾通常是被贫穷的父母卖掉的,所以对很多妾来说回娘家并不是办法。一些妾转而卖淫,可能是因为她们在做妾之前曾经为娼,也可能只是因为她们没有其他办法独自生存。还有一些人流落街头、无家可归、孤立无援。对许多妾来说,留在家长家里无论多么难以忍受,都比其他选择更好。

立法者意识到考虑离开的妾所面临的挑战和风险。为此,他们通常解释法律来证明有利于妾的判决是正当的。因此,妾享有前所未有的权利,可以与家长脱离关系并起诉要求持续的经济扶养。尽管在20世纪上半叶,这些权利的法律理由,以及妾可以行使这些权利的范围发生了变化,但法律始终认为妾可以离开她的家长,并要求某种形式的经济供养。

## 妾脱离关系的权利

妾起诉要求脱离关系的权利的演变反映了法学家对男子与其妾之间的权力关系认识的变化。在民国早期,对这种关系的契约性质的强调,导致法学家将男子和其妾视为互惠关系中的伴侣。因此,脱离关系构成了契约的解除,这需要法律依据;男子和妾都必须证明对方违反了契约条款,法庭才会解除这段关系。然而,从1929年开始,契约的表达消失了,妾被视为不平等关系中的弱势一方。为了抵消权力的不平衡,司法院和最高法院赋予妾不受限制地脱离关系的自由,同时仍将家长约束在正当理由的要求之下。

### 民国初期妾脱离关系的附条件权利

尽管在法律实践中,法学家以与离婚案件大致相同的方式裁决男子与其妾脱离关系的案件,但在法律理论中,法学家坚持认为这两种离异方式不应相互混淆。为了在法律上区分男子与其妻子和妾的关系,大理院在1919年的一份解释中区分了"婚约"和"纳妾之契约"。大理院坚称,由于这两种契约的法律性质存在根本性差异,不能认为它们是可互换的,因此,法典中关于婚约的规定不适用于女子为妾的案件(上海第一特区地方法院 Y5-1-38 [vol. 2, ch. 1], 30)。

那么,法学家如何处理涉及妾的脱离关系诉讼呢？由于没有关于纳妾的成文法,大理院发布了一系列裁决,为处理此类案件提供了具体的指导。正如大理院在1916年的一项裁决中所解释的那样,"无论何时,如该家长或该女有不得已之事由发生,即可解除契约"(郭卫编 1933:209)。1920年,大理院再次重申,如果家长或妾能够证明有不得已之事由,一方即可单方面声明解约(傅秉常和周定宇编 1964,2:1045)。大理院在前一年发布的一项裁决中详细阐述了关系破裂的理由,甚至可能发生在纳妾契约成立之前或当时；只要谋求解除契约的一方不知道这些先前存在的条件,那么契约就可以在其后的日期终止(上海第一特区地方法院 Y5-1-38 [vol. 2, ch. 1], 30-31)。

在许多方面,"不得已之事由"一词反映了与正当理由要求相似的逻辑。这两者都要求男子和妾承担同样的举证责任来证明脱离关系的正当性。如第四章所述,当适用于家长时,正当理由要求保护妾免受任意驱逐。当适用于妾时,正当理由要求意味着妾必须说服法庭她不可能继续生活在同一个家庭中,正如大理院的裁决所暗示的那样。诚然,如果家长能够证明不得已之事由,他也有权解除契约。但一般来说,是男子和他的亲属让妾无法忍受继续同居。由家长提出的离异案件总是援引正当理由,而不是不得已之事由。

由于没有民国初期的法庭案件,警方的报告让人们得以一窥当局是如何处理妾提出的脱离关系请求的。1918年京师警察厅的一起案件记录了范伊博和其妾范赵氏的离异(北京地方法院J181-19-19200)。范赵氏坚称自己是嫁为人妻,因此在进入范家后,她不能接受屈居于妾的地位。她回到了娘家,拒绝再忍受范伊博及其正妻的虐待。幸运的是,范赵氏有一个支持她的家庭,她的哥哥代表她向警方报案,控告范伊博重婚和虐待。根据范伊博向警方的陈述,范赵氏的嫂子强行闯入他家,拿走了范赵氏的所有私人物品。尽管范伊博最初要求范赵氏回来,但他最终还是同意了她提出的脱离关系的要求,正如记录他们正式离异的书面协议所显示的那样。

虽然这件事没有上法庭,报告也没有提及任何具体的法律,但此案的结果应当与大理院的裁决一致。如果法庭接受了该妾的虐待指控,此案将符合"不得已之事由"的法律标准。同样,对范伊博的重婚指控(即使在法庭上未能成立)也引起了人们对范赵氏被欺诈与范伊博结婚的情况的关注。范赵氏误以为自己将以妻子的身份结婚,但事后才知道自己是以妾的身份结婚的,根据上述1919年大理院裁决的条款,允许基于未知的先前存在的条件终止纳妾契约,范赵氏有合法理由起诉要求脱离关系。在本案中,范赵氏在婚礼前并不知道范伊博的已婚状态。当这一事实后来曝光时,她完全有权利以此为理由起诉脱离关系。

1920年,妾吴宝贞向京师警察厅报案,主要控告的也是虐待(北京地方法院J181-19-29064)。她的家长吴绍先辩称,殴打妾是惩罚她不服从他定下的不能在城里闲逛的严令。毫不奇怪,双方对吴宝贞离开的情况提供了相互矛盾的描述。双方都承认吴宝贞是在被打后的凌晨偷偷溜出家门的,但妾坚称她是逃避这段虐待关系,她的家长则指责她带着他长子的零用钱潜逃。尽管吴绍先要求他的妾回来,但吴宝贞拒绝了,在调查指控期间,她仍被警方拘留。最终,这两人离异了,正如记录了吴宝贞的监护权被移交给妇女习工厂的文件所载,那里将为她另行择配。

尽管这些案件中的女子求助于警方而不是法院来与家长脱离关系,但警方报告中的细节表明,结果与法院裁决并不会有太大区别。可以肯定的是,警方的报告并没有像法庭裁决那样详细阐述法律的细微差别,但类似的逻辑占据了上风。这两名女子都提出了家庭虐待的指控,主要是正妻所为。这两起案件中的男子都表达了希望他们出逃的妾能回来的愿望。尽管警方的报告没有援引"不得已之事由"这一措辞,但警方在每一起案件中都批准了妾要求脱离关系的请求,这表明警方含蓄地承认妾被迫离开的"事由"确实是"不得已的"。

## 国民党法律中妾脱离关系的无条件权利

从20世纪20年代末开始,国民党法学家不再要求妾证明有不得已之事由才能与家长脱离关系;她想离开就是充分的理由。1929年山东的一起案件促使出台了一项重要的司法判决,该案中,一名拒绝为妾的女子谋求与该男子脱离关系。促使山东省高等法院向最高法院征求意见的原因是,该妾缺乏提起民事诉讼的法律理由。省高院提出了两种解决办法。第一种推理将妾提出的脱离关系的要求与国民党对男女平等原则的承诺联系起来。山东省高等法院暗示,法律应该帮助而不是阻止妾摆脱从属地位。第二种理论肯定了民国早期的做法,认为纳妾不能免受脱离关系的规定;换言之,在没有法律理由的情况下,妾就不能与家长脱离关系(刘燡元、曾少俊、萧永任编 1929—1931,6:349—350)。

由于民法典关于婚姻家庭的规定尚未出台,因此最高法院和山东省高等法院一样,也不确定如何在过渡期内行事。如果脱离关系的请求来自妾,他们会像国民党关于平等的说辞所暗示的那样放宽其法律标准吗?或者,他们还是遵循大理院的先例,继续要求妾证明不得已之事由?最高法院无法做出决定,只好交给司法院,由司法院召开特别会议讨论此事。1929年,司法院认可了山东省高等法院提出的第一个立场,裁定"妾之制度虽为从前习惯所有,然究与男女平等之原则不符。基于此原则,如该女不愿作妾时,即应许其随时与其家长脱离关系"(刘燡元、曾少俊、萧永任编 1929—1931,6:349)。妾现在享有与家长脱离关系的无条件权利。最高法院将在其后几年的裁决中逐字引用这一解释。①

当事人还曾引用司法院的解释,如 1946 年上海的一宗案件所示,妾郑耀云向司法院提起与冯义脱离关系的诉讼。郑耀云称,冯义在她十几岁时就引诱她离开了河南省的家,她和他一起生活了几年才发现他已经有妻子和家庭(上海第一特区地方法院 Q185-3-846)。他们搬到上海后,她显然继续以妾的身份与他生活在一起,在此期间,冯义的吸毒和虐待行为迫使郑耀云聘请律师,起诉要求脱离关系。郑耀云的诉状不仅引用了上述 1929 年司法院的解

---

① 例如,参见郭卫和周定枚编 1934,15:27—30; 傅秉常和周定宇编 1964,2:1147。

释,还引用了1928年的一项判决,该判决仅因女子拒绝做妾就批准了她的脱离关系请求。虽然上海地方法院驳回了她的诉讼,但这是由于法律管辖权有关的技术性问题,而不是由于郑耀云的律师对法律的错误理解。法院在讨论该案时,认为由于民法典不承认妾的身份,因此郑耀云与冯义的关系不构成法律关系。因此,法庭得出结论,如果郑耀云不再希望继续与冯义生活,她可以"自由脱离"。

可见,司法院和最高法院保障了妾自由离开家庭的权利,同时继续限制男子随意将她逐出家门的传统权力。1932年,一宗天津的案件上诉至最高法院,该案很好地说明了家长和妾在国民党法律下脱离关系的权利之间的区别。最高法院在审查下级法院的裁决时指出,男子和妾都要求脱离关系,但男子希望马上脱离关系,而妾希望推迟到男子被控重婚罪的刑事审判结束后(郭卫和周定枚编 1934,8:43—45)。重婚的定罪意味着婚姻将被宣告无效。但对妾来说更重要的是,这将为她提供要求赔偿损害的法律理由。由于不愿直面这种可能性,该男子早前就提出了脱离关系的诉讼,但由于未能满足正当理由要求而败诉。然而,法院指出,妾如果希望与她的家长脱离关系,可以在她愿意的任何时候不提供任何理由地自由脱离。在这种情况下,妾质疑的不是脱离关系,而是这样做的时机。如果她准备好了,她可以合法地结束与家长的关系;与此同时,法律也将维护她留在家中的权利。这个案例说明,男子对其妾的去留没有发言权;如果她选择离开他,他没有法定追索权,如果他想强迫她离开这个家庭,则将面临沉重的举证责任。

妾可以轻易离开残忍的家长,而男子驱逐不想要的妾相对困难，这标志了司法院和最高法院看待纳妾的方式发生了重要变化。如上所述，大理院根据契约措辞对纳妾的理解，要求双方提供脱离关系的法律理由，从而使妾与家长承担同样的举证责任。在民国早期的法学家看来，妾要求脱离关系与家长要求脱离关系没有什么不同；妾也要遵守同样的法律标准，并不能因为她是妾而享受特殊待遇。相比之下，司法院和最高法院免除了妾提供脱离关系的法律理由的要求，这表明国民党法学家认为纳妾是一种压迫性制度，只要妾有要求，就应该放她自由。正如上文所讨论的那样，1929年的裁决证明了妾有权不受限制地脱离关系，纳妾的本质破坏了平等的原则，这给了国民党法学家充分的理由，来公布一项综合性法令赋予妾不受限制脱离关系的权利。

## 脱离关系后的扶养

除非得到持续的经济扶养，否则妾并不愿行使脱离关系的权利。法官们认识到那些冒险独自离开的妾所面临的残酷现实，齐心协力地为她们提供保障措施。法庭使用了许多不同的术语来指代脱离关系后给予妾的金钱补偿，无论是一次性的还是在固定时间内分期支付的。大理院有时称其为"慰藉金"，最高法院在整个20世纪30年代的许多案件中称其为"赡养费"，而20世纪40年代的地方案件中一般使用"赔偿损失"一词。每一种都代表着在脱离关系后给予妾的一种经济扶养形式，每种都有自己的一套标准，但都取决于妾是否清白。

## 赔偿的逻辑

如果满足某些条件,法官会判给妾一笔固定的钱作为脱离关系后对她的经济扶养。根据民国早期的法律,如果导致脱离关系的"不得已之事由"是由其家长或其家人造成的,则妾可以以赔偿的形式要求这笔钱。在这种情况下,大理院在1914年的一项决定中允许妾为她所受痛苦获得慰藉金(郭卫编 1933:208)。对受到家长及其家人不公正对待的妾给予经济赔偿,极大地扩大了妾的合法权利,并使得起诉脱离关系在经济上行得通。根据民国早期法律,妾必须证明她的家长是有过错的一方,才能解除与家长的契约,从而脱离关系。因此,由于确定了男方对妾的痛苦负有责任,妾在脱离关系诉讼中的成功,实际上保证了下一次经济赔偿官司的胜利。在这一点上,大理院关于妾有权起诉索要慰藉金问题的理据是基于赔偿逻辑的;法律规定有过错的一方应该向受害者(在这种情况下,就是妾)支付赔偿,以弥补对她造成的伤害。这种赔偿的逻辑符合大理院对男子和他的妾之间关系的契约理解。妾对慰藉金的合法主张源自该男子故意违反了界定他们关系的契约条款。

脱离关系的正当理由要求与慰藉金的过错要求共同标志着大理院将纳妾视为两个大约平等的伴侣之间的契约。男女双方在法律上都受到契约条款的约束,双方都必须给出可接受的理由才能解除契约。即使在代表着立法者对妾的从属地位让步的经济扶养问题上,妾对慰藉金的主张能否成立也取决于有无男方违约的证

第五章　民国早期和中期法律中的脱离关系和扶养

明。尽管民国早期的法学家们同情妾的困境,并制定了旨在保护其利益的法律,但妾仍然需要承担举证责任;她脱离关系的权利与对慰藉金的要求都是基于她的家长有过错的证据。

然而,在脱离关系后,妾并不总是寻求法庭的干预来获得经济扶养。档案记录显示,妾们在脱离关系后向京师警察厅提出要求扶养,她们的家长通常会默许。1920 年,一名男子报案要求官方认可他与妾的离异,其中还包括他的妾要求扶养的申诉书(北京地方法院 J181-19-29224)。在另一个案件中,一名男子已经和他的妾分开了,但她现在骚扰他索要更多的钱来抚养他们的孩子(北京地方法院 J181-19-30915)。他指控妾以抚养孩子为借口向他榨取更多钱财。在 1925 年的一个案件中,一名妾向警方表示,她将默许家长脱离关系的要求,条件是他要继续支付她的生活费(北京地方法院 J181-31-3013)。虽然不清楚这些案件中妾的要求是否得到满足,但其他案件表明,大多数妾在脱离关系后成功获得了某种形式的经济补偿。1915 年的一宗报案中提到了一名妾在脱离关系时获得的金额(北京地方法院 J181-19-9709)。同样,一宗 1925 年档案中的一份协议,显示了妾的具体经济收入,其中包括固定数额的扶养费,以及她可以作为个人财产随身带走的物品清单(北京地方法院 J181-19-47004)。

1918 年的一起案件的细节显示,这类经济安排通常是私下协商的,并正式记录在书面契约中,尽管这个案件的结果回避了这类契约的可执行性问题。前一年,程东瀛与他的妾张筱卿脱离了关系(北京地方法院 J181-19-27222)。二者在脱离关系时已经起草一份正式文件,明确了程东瀛应当为其前妾支付生活费,直到她再婚。但最近的财务问题使程东瀛濒临破产,他就停止向张筱卿付款,这导致该妾频繁地(而且经常是针锋相对地)到程东瀛家要钱。作为回应,程东瀛向警方报案指控其前妾犯有包括勒索在内的多项罪行。虽然警方最终站在了程东瀛一边,但这起案件确实表明,妾在脱离关系后期望得到扶养,而他们的家长在经济状况允许的情况下有时会满足这种期望。

涉及守寡的妾的案件表明,脱离关系后的扶养要求也可以向新的家长提出。在1924年的一个案件中,已故的田禄生的妾田崔氏在离开田家时,成功地赢得了一笔金额可观的扶养费(北京地方法院J181-18-16733)。在1917年田禄生去世后不久,这位守寡的妾就与田禄生的弟弟、新家长田鹤亭陷入诉讼之中。尽管警方的报告没有包括任何诉讼记录,但它确实援引了大理院1920年作出的一项裁决,该裁决支持田崔氏继续住在田家。然而,家庭的不和很快就迫使田氏向娘家寻求庇护,他们帮助她与田家家长脱离了关系,并获得了一份令人满意的经济协议。同样,在1930年的另一起案件中,警方记录了一名寡妾的陈述,她也与已故家长的家庭脱离了关系,并获得一笔未公开数额的生活费(北京地方法院J181-20-4021)。那些不愿意作为贞洁寡妇留在前家长家中的寡妾,可以选择与新的家长脱离关系并要求扶养。尽管没有任何法律保障,但上述案例表明,守寡的妾在脱离关系后希望得到扶养,有时也确实得到了。

第五章　民国早期和中期法律中的脱离关系和扶养

## 赡养费的延伸

在20世纪30年代的一段短暂时期内,妾在脱离关系后有权获得经济扶养,不再需要提供其家长有过错的证据。与妾脱离关系的权利一样,最高法院取消了过错要求;妾要求脱离关系或者继续扶养,不再需要男子有过错。根据最高法院的自由解释,妾享有前所未有的自主权。

从1931年开始,在贯穿这十年的大部分时间里,根据最高法院的多项裁决,妾在脱离关系后享有的受扶养权反映出妻子在离婚后获得赡养费的权利。如果妾没有过错,法院会将离婚配偶获得赡养费的法律适用于涉及妾的案件。尽管民法典第一千零五十七条的措辞是中性的,但在实践中,该条被用来要求男子向前妻支付赡养费,前提是她没有任何为离婚提供法律理由的行为;在双方同意离婚的情况下,妻子也有资格获得赡养费。

在一系列具有里程碑意义的判决中,最高法院将民法典中关于赡养费的规定适用于妾。1931年,最高法院发布了这一系列裁决中的第一项,将通常妻子拥有的法律利益扩大到了妾的身上。最高法院首先引用了第一千零五十七条:

> 夫妻无过失之一方因判决离婚而陷于生活困难者,他方纵无过失,亦应给予相当之赡养费。至在民法亲属编施行前所置之妾与其家长之关系,固与夫妻之关系不同,惟妾苟无过失,而因与家长脱离关系致生活陷于困难者,其家长纵无过

失,亦应给予相当赡养费,免致其骤然无以生存。(郭卫和周定枚编 1934,10:66—67)

在这十年剩下的大部分时间里,1931 年最高法院的这项裁决成为妾有权获得赡养费的法律依据。

在无亲缘关系的家属的法律类别中,妾是唯一有权在脱离关系后获得经济扶养的人。正如最高法院在 1934 年的一项判决中所强调的:

> 妾与家长脱离家属关系,得准用夫妻离婚之规定,请求给予赡养费者,以妾与该家长脱离家属关系为限,其他家属对于家长请求由家分离,自属不能援用。(傅秉常和周定宇编 1964,2:1074)

因此,妾享有的经济扶养权超过了她作为家属应有的权利。因为一般来说,家属一旦离开家庭就失去了受扶养的权利。最高法院将妻子获得赡养费的权利延伸到妾的身上,从而极大地扩展了妾的合法权利。

此外,民法典关于赡养费的规定适用于与家长脱离关系的妾,使她有权获得超出大理院赋予妾的赔偿权利的经济扶养。民国早期法律规定,若妾在脱离关系后要获得经济扶养,男方必须有过错。然而,在 20 世纪 30 年代的大部分时间里,根据最高法院的裁决,过错的证明不再是必要条件;如果满足某些条件,即使家长没有过错,最高法院也可以命令家长在脱离关系后向妾支付一笔固

第五章　民国早期和中期法律中的脱离关系和扶养

定款项。

因此,在20世纪30年代的大部分时间里,最高法院规定,如果满足以下条件,妾有权获得法院裁定的赡养费:(1)妾由于脱离关系而陷入贫困。(2)妾虽然不一定受到伤害,但必须是无辜的一方,并且(3)脱离关系的请求必须由法院裁决。如果所有这些标准都得到满足,那么最高法院就会在脱离关系后判给该妾一笔固定的赡养费。在大多数情况下,前两项要求很容易得到满足;然而,不能满足第三项要求往往会使妾失去要求赡养费的权利。

案件记录表明,妾试图利用这一扩大的经济扶养权利。那些在诉讼时仍与家长住在一起的人获得赡养费的机会更大。那些已经搬出去的人就糊里糊涂地失去了要求赡养费的权利。由于国民党法律认为从家长的家庭中搬出去的妾已经与家长脱离关系,因此,不再与家长同居的妾不符合法院裁决脱离关系的第三项要求。

浙江萧山县37岁的曹王氏就是这样,她是同为37岁的曹寿眉的妾。这二人在一起生活没多久,曹王氏就离开了,尽管曹寿眉一再要求,她还是拒绝。第二年,曹王氏起诉要求继续获得经济扶养。1933年,当她的案件上诉到最高法院时,她已经败诉两次;第三次尝试,她也没有成功。在法庭看来,曹王氏一年多前从家长家庭中搬离时,就已经与家长脱离关系,因此也就放弃了获得任何形式扶养的权利(郭卫和周定枚编 1934,12:122—124)。

同样,在1933年发生在上海的一起案件中,25岁的刘雅芳要求32岁的施志芳继续为她提供经济扶养,而前者在去年夏天就已经搬出去(郭卫和周定枚编 1934,17:58—61)。最高法院驳回了她的上诉,理由是作为家属获得扶养的合法权利来源于同居。鉴于刘雅芳在过去一年中一直单独居住在别处,法院认为她已经脱离了关系;她由于不再是施志芳家庭中的一员,也就不再有资格获得施志芳的经济扶养;与之前的案件一样,法院没有提及赡养费。

如果曹王氏和刘雅芳求助于法庭来处理她们脱离关系的问题,而不是简单地搬离他们的家长家,她们获得赡养费的概率会显著提高。妾获得赡养费的法律依据(民法典第一千零五十七条)明确规定"夫妻无过失之一方,因判决离婚而陷于生活困难者",将被判获得赡养费。在曹王氏和刘雅芳的案件中,关系的脱离不是受到司法判决的影响,而是受到她们在其他地方居住的影响。由于法院没有判决脱离关系,因此自愿离开家长家的妾无权获得赡养费。在曹王氏的案件中,她的家长坚持让她回家,这进一步削弱了她的理由。她的家长并没有把她赶出去,曹王氏也没有表示过不可能和他住在一起。法庭说明了如果曹王氏要求她的家长继续扶养她,她可以直接回到他的家里;她居住在他的家里,就有资格得到她所要求的扶养。

因此,希望得到赡养费的妾必须留在家长家里,直到法庭作出有利于她的判决。来自汉口的24岁的倪周氏的毅力得到了回报,她于1932年要求与她的家长65岁的倪春山脱离关系并获得赡养费(郭卫和周定枚编1934,10:65—67)。下级法院很快就批准了倪周氏脱离关系的请求,但拒绝给予她任何经济补偿。倪周氏并没有被下级法院对她不利的判决吓倒,一直将案件上诉至最高法院,并最终胜诉。最高法院援引上述1931年的判决,推翻了湖北省高等法院驳回倪氏赡养费要求的裁定,并指示高等法院根据其1931年的判决重审此案,该判决证明了判给倪周氏一定数额的赡养费是合理的。

同样,在1933年发生在上海的一起案件中,29岁的陆蕙芳一路上诉至最高法院,最终获得了赡养费。在另一起诉讼中,陆蕙芳曾试图以重婚为由与大她23岁的沈顺源离婚,但未能成功;然而,处理此案的法庭宣布陆蕙芳的法律身份是妾,并剥夺了她离婚的权利(郭卫和周定枚编1934,15:27—30)。与此同时,沈顺源已经向上海地方法院提起要求脱离关系的诉讼。陆蕙芳同意了,但要求支付赡养费。地方法院批准了脱离关系的请求,但驳回了陆蕙芳的赡养费要求。在收到江苏高等法院同样的答复后,这位执着的妾向最高法院提出上诉,最高法院推翻了原判,并命令江苏高等法院按照其裁决的精神重审此案。正如最高法院所解释的那样,"妾因判决脱离关系而陷于生活困难者,他方纵无过失,亦应准用民法第一千零五十七条规定给予相当之赡养费"(郭卫和周定枚编1934,15:27—28)。尽管陆蕙芳因为妾室的身份而被剥夺了离婚的权利,但最终她还是得到了合法妻子应有的待遇,因为通过最高法院将第一千零五十七条适用于她的案件,她获得了作为妻子获得赡养费的权利。

在1933年的另一起案件中,最高法院也援引了第一千零五十七条,作为妾在脱离关系后有权获得经济扶养的法律依据。有趣的是,在这起源于长沙的案件中,妾和她的家长都被列为上诉人(郭卫和周定枚编1934,12:37—39)。不出所料,57岁的家长张启瑞对湖南高等法院的判决提出上诉,声称他无力向28岁的妾彭淑娥支付赡养费。既然法庭支持了她获得赡养费的权利,彭淑娥为什么也要对判决提出上诉呢?简而言之,她想要更多的钱。她并没有假装把她要求更多的钱归因于情有可原的情况,她也没有抱怨法庭规定的数额不够。她的理由,至少由最高法院所维护的那部分,是基于一系列解释和判决的。这些解释和判决指出,赡养费的数额要根据女子的需要来确定,对彭淑娥来说,更重要的是根据男方的社会和经济地位来确定。① 彭淑娥声称张启瑞有巨额财富,有能力向她提供比法庭规定数额更多的钱。最高法院驳回了两名上诉人的请求。张启瑞在经济上完全有能力向其妾支付赡养费,但彭淑娥应该对下级法院认为适当的判决感到满意。

张启瑞在脱离关系后试图以资金不足为由逃避对妾担负的经济义务,但在1931年山东的一起案件中,62岁的王立春试图将其20岁的妾姜桂苓描绘为毒品成瘾者来逃避向其支付赡养费(郭卫和周定枚编1934,10:67—70)。如果他能证明是姜桂苓的吸毒问题导致他们脱离关系,那么他就可以逃避对她的经济义务,因为妾只有是无辜一方时才有权获得赡养费。然而,下级法院和最高法院都认为有关姜桂苓毒品成瘾的指控毫无根据,不仅判给了她赡养费,还判给她一些昂贵的皮草。

如上述案例所述,妾要求赡养费的前提是她的清白;如果她被认定有导致脱离关系的过错,那么她就失去了要求赡养费的权利。然而,过错和赡养费之间的联系有时被下级法院忽略了。在1933年湖南的一起案件中,52岁的李斗南对其31岁的妾刘淑英的通奸指控在法庭上得到了支持,但李斗南仍被要求向该妾支付赡养费。

---

① 相关解释和裁决,参见傅秉常和周定宇编1964,2:1073—1074;郭卫和周定枚编1934,1:50—53;17:61—63;上海第一特区地方法院 Y5-1-38[vol.4,ch.3,sec,4],38。

李斗南上诉至最高法院,最高法院免除了他对妾的经济义务(郭卫和周定枚编 1934,13:98—100)。最高法院解释称,下级法院允许这二人脱离关系是正确的,但他们错误地批准了妾的赡养费请求。因为妾通奸是脱离关系的理由,所以她显然是有过错的一方;在这种情况下,妾无权要求赡养费。

虽然最高法院在20世纪30年代将获得赡养费的权利延伸到妾,这超出了大理院愿意给予妾的权利,但上述案件凸显了这一权利的局限性。在最高法院实际上考虑将赡养费判给妾之前,案件必须满足某些条件。和大理院时期一样,妾的清白至关重要;但与大理院时期不同的是,男子的过错问题不再重要。但要起诉要求赡养费,妾还必须起诉要求脱离关系,并证明其经济需求;后者很容易证明,但前者要求妾没有通过搬离家庭而与家长脱离关系。

再加上司法院免除了妾脱离关系的正当理由要求,最高法院将获得赡养费的权利扩大到妾,表明国民党的法学家认为妾是不幸的受害者,需要从压迫制度中得到拯救。为了弥补妾和家长之间的权力失衡,最高法院和司法院扩大了妾的合法权利,使其超出了她在大理院时期所享有的权利。

## 赔偿的回归

从20世纪30年代末开始,民国法律在妾脱离关系后要求扶养权利的立场上再次转变。两份关键文件标志着一种新的保守主义:1938年司法委员会通过的一项决议和1944年最高法院发布的一项裁决。两者都明确否认了妾获得赡养费的权利。现在,妾所能要求的最多不过是受了冤屈后的赔偿。

## 司法委员会1938年的决议

司法委员会1938年通过的这项决议之所以重要，更多是因为它揭示了妾在法律观念上的变化，而不是它如何影响了法庭实践。作为侵华日军华北方面军1937年12月在北京建立的临时政府的一部分，司法委员会和它所代表的政府一样，在北京以外几乎没有什么权力（Barrett 2002:5）。不过，它确实定期呈递有关法律问题的通讯，这些通讯被刊登在南京的《司法公报》上（北京地方法院J65-3-1157）。1938年的这项决议出现在1940年出版的一期上。①

司法委员会由五名成员组成，由董康担任委员长，他还曾担任负责制定1928年刑法的一系列草案的委员会的委员长。这项决议的主要缔造者是最高法院审理民事案件的法官薛健人，他否认了最高法院先前对妾享有获得赡养费权利的裁决，并恢复了大理院在这一问题上的政策（北京地方法院J65-0-1157）。

是什么原因导致司法委员会推翻了最高法院关于脱离关系后妾享有受扶养权利的裁决，并恢复了大理院对此事的政策？对于最高法院的裁决，最令司法委员会感到不安的是，缺乏对妾脱离关系并轻而易举获得赡养费的权利的约束。薛健人痛斥最高法院对妾的宽大处理：

---

① 译者注：作者记载有误，该决议刊登于《司法公报》1938年第6期，本小节所引用《司法公报》原文内容，出版时间皆从英文原著的"1940"改为"1938"。

## 第五章 民国早期和中期法律中的脱离关系和扶养

> 不问妾之方面有无不得已之事由发生，以及该事由之发生究应由何方负责，概许妾随时与家长脱离关系，并由家长负给付赡养费之责任。(《司法公报》1938，6:7)

薛健人质疑这种优待妾的行为。诚然，他承认纳妾的习俗违反了男女平等的原则，但给予妾无条件的权利就是最好的政策吗？尽管薛健人仍然对将没有限制地脱离关系的权利扩大到妾持批评态度，但他抨击的重点是最高法院判给妾赡养费的决定。

薛健人警告说，虽然最高法院的目的是巩固妾相对于其家长的从属地位，并保护她的利益，但社会现实是，一些无良的人正在利用最高法院的自由解释来榨取有妾的男子的经济财富。司法委员会委员长董康指出，第三者往往会劝说妾利用最高法院的裁决，起诉要求赡养费。董康简要讲述了一位上海富商的故事，他的妾索要赡养费，迫使他典押了价值一百多万元的房产，而妾得到了其中的近十分之一。董康指出，这位上海商人对其妾提出了犯奸的指控，但法院驳回了指控，而妾提出了要求赡养费的反诉，这不得不让人怀疑该妾的道德品质。董康感叹道，不幸的是，这样的事情并不少见。他显然认为这是一宗严重的误判案，并以戏剧性的语气加以概括，痛斥这名妾和她的同谋狼狈为奸，无情地夺走了一名无辜男子的毕生积蓄(《司法公报》1938，6:6)。董康认为，最高法院从促进权利平等的角度出发，但只是扭转而不是纠正了权力的不平衡；最高法院试图从残忍的家长手中拯救无助的妾，而现在需要司法委员会保护轻信他人的男子不受诡计多端的妾的伤害。

虽然男女平等的原则推动了最高法院对妾采取自由的处理方式，但对精明的妾提出的欺诈索赔明显增多的担忧，引发了司法委员会对现行指导方针的修订。董康承认，大理院在妾脱离关系后要求慰抚金的问题上所采取的更为保守的政策，"虽未作男女平权之标榜"，但回归这一政策，至少能够避免最高法院的政策所带来的对妾的过度保护以及妾对该权利的滥用（《司法公报》1938，6：6）。对司法委员会的其他成员来说，大理院对妾的问题的处理在保护妾和家长利益之间取得了恰当的平衡。

司法委员会认为，最高法院的裁决除了放纵行骗者，还损害了家庭和法律。正如薛健人所言：

> 凡不愿作妾者，即可随时准其离异，则一般为人妾者尽可任意下堂，不特破坏家庭之秩序，且毫无故意或过失而令家长负担给予赡养费之责，亦乏法律上之根据。（《司法公报》1938，6：7）

薛健人认为，最高法院的平等立法运动导致它在妾脱离关系后的经济扶养问题上采取了法外措施；成文法没有做出这样的保证。由于最高法院的裁决而产生的伤害是肯定的，其合法性也值得怀疑，薛健人敦促司法委员会推翻这些裁决，支持大理院更温和的政策。

民国初期保守主义的回归，也标志着对妾的法律观念的重塑。最高法院曾将妾视为与有无上权力的家长对抗的脆弱受害者，而司法委员会以一种乐观得多的态度描绘了妾在家长家中的生活。

薛健人仍然坚信,绝大多数的妾都"享受优越",生活相当舒适。当然,他也承认,"间有一二曾受到家长或嫡妻之虐待者"(《司法公报》1938,6:6)。他允许妾在有不得已之事由时脱离关系,并要求补偿她的痛苦和焦虑;他提出法律应该帮助有需要的人,而不应该被贪婪之人操纵。

薛健人认为,如果继续遵循最高法院的先例,给予平等高于一切的特权,是在鼓励欺诈和无视法律。最好的解决方案是回到以大理院为代表的更平衡的方法。正如决议草案所指出的,"妾与家长间关于请求脱离关系及给付赡养费或慰抚金事件,仍应适用前大理院民国三年度上字第一二三七号、五年度上字第八四零号判例以为判断"(《司法公报》1938,6:8)。当讨论接近尾声时,此事被付诸表决,司法委员会通过了将妾脱离关系后获得经济扶养的权利建立在大理院的裁决,而非最高法院的判决之上的决议。

在某种程度上,司法委员会对最高法院裁决的警觉反应是合理的。虽然最高法院原本打算通过判给其金钱来帮助妾渡过困境,直到她重新振作起来(这通常意味着找到一位新的家长或者结婚),但正如上述一些案件所证明的那样,许多妾认为她们获得赡养费的权利是一种以牺牲其前家长为代价来获取财富的手段。来自山东的姜桂苓不仅要钱,还要皮草。来自湖南的彭淑娥更是厚颜无耻地一再索要更多的钱。此外,法律案件记录显示,一些出庭的妾曾经是妓女。警方报告也显示,许多小妾以前从事卖淫;她们从娼妓到妾的转变,往往被冠以"从良"等带有价值意味的短语,或者更通俗地翻译为回归正道。① 贺萧对20世纪初上海卖淫的研究表明,妓女们成为有钱主顾的妾是一种习俗。对这些女子来说,成为妾意味着她们常规性工作的中断;许多人利用这段短暂的休息时间来清偿债务并积攒贵重物品,为自己当鸨母的事业做准备(Hershatter 1994:155—156)。最高法院对妾获得赡养费的权利的宽松政策只会让这一选择变得更容易和更有吸引力。这些女子与最高法院发布裁决时设想的无助受害者相去甚远。

## 最高法院1944年的裁决

尽管司法委员会1938年指令的法律效力仍然值得怀疑,但它预示了即将到来的变革。1944年,最高法院发布了一项裁决,修改了其先前对妾脱离关系后仍享有受扶养权利的立场。关于类似婚姻的关系,最高法院解释说:

> 男子与女子间类似夫妻之结合关系,双方虽得自由终止,但男子无正当理由而终止,或女子因可归责于男子之事由而终止者,如女子因此而陷于生活困难,自得请求男子赔偿相当之赡养费。(《最高法院判例要旨》2001,1:549)

实际上,妾只有在男子对脱离关系负有责任的情况下才能要求赔偿。如果男子在没有正当理由的情况下脱离了关系,那么这

---

① 例如,参见北京地方法院 J181-18-567;北京地方法院 J181-18-9834;北京地方法院 J181-18-8950;北京地方法院 J181-19-35691;北京地方法院 J181-31-2961。

就构成了任意驱逐,如果妾想要离开,法院会下令给她经济赔偿。如果男子的表现或行动使继续同居变得无法忍受,以至妾除了寻求脱离关系别无选择,那么法院也会给予妾经济补偿。最高法院在20世纪30年代的裁决中,并没有要求男子对妾要求经济扶养负有过失,而1944年的这项裁决明确规定,只有在男方被证明有过失的情况下,法院才会考虑妾在脱离关系后提出的经济扶养要求。最高法院明确否定了其先前根据民法典第一千零五十七条对妾的受扶养权的规定作出的判决。最高法院重申,在任何情况下,第一千零五十七条都不得适用于妾。正如最高法院的结论,"妾无赡养费给付请求权"(《最高法院判例要旨》2001,1:549)。现在,妾只有要求赔偿损失的权利,而这需要提供证据证明她的家长是过错方。

20世纪40年代的法律案件记录显示,法院现在只判给妾经济赔偿,而不是赡养费。这十年来的裁决的一致性表明,在1945年抗日战争结束后,蒋介石领导的国民党继续遵循南京傀儡政权(1940—1945)建立的先例。诚然,与日本的合作玷污了先后由汪精卫和陈公博领导的南京政府,但在其主持下发布的司法裁定在新近重组的国民党政府中继续有效。

## 妾寻求赔偿

从北京和上海的档案中挑选出来的涉及妾要求赔偿损失的民事案件,很少能进入法官的案卷。一宗确实出现在法庭上的诉讼是由家长提起的。在这起1942年发生在北京的案件中,43岁的杨

*113*

荣久试图通过指控其 27 岁的妾郭敏洁吸食毒品来与其脱离关系（北京地方法院 65-18-3728）。由于法庭没有找到证据来证实吸毒的指控，杨荣久未能满足脱离关系的正当理由要求，因此他试图与妾脱离关系的行为构成了任意驱逐。在本案中，妾郭敏洁同意脱离关系，但要求赔偿损失。法院判决她胜诉，判给她六百元。

不太成功的是一位名叫马美玉的妾，她于 1947 年起诉她的家长全席珍，要求赔偿损失（北京地方法院 65-23-841）。马美玉年幼时就被拐卖到妓院，在做妓女时遇到了全席珍。1942 年，马美玉离开了妓院，成为全席珍的妾。之后，全席珍遇到了困难，他试图迫使他的妾重操旧业。愤怒之下，马美玉暂时离开了家，以避免再次被迫卖淫。到北京地方法院审理此案时，马美玉已经离开全家一个月了。法院认为她是自愿与全席珍脱离关系的，驳回了她的赔偿损失请求。如果马美玉留在全家，她在脱离关系后获得赔偿损失的机会更大；在法院看来，她搬出去就已经与全席珍脱离了关系，因此失去了起诉要求赔偿损失的权利。

到目前为止，绝大多数由妾提出的赔偿损失请求从未进入审判阶段。通常，妾会提交诉状，要求法院下令脱离关系，并要求一定数额的损失赔偿。最常被引用的原因是民国早期提出的"不得已之事由"。在大多数此类案件中，案件记录的开头和结尾都是妾的诉状，这表明要么双方在法庭外达成了合适的解决方案，要么是妾放弃了争取赔偿损失的斗争。尽管这些案件都没有得到审判，但向法院提出正式控告这一简单行为表明，妾们知道自己有权获得赔偿。

案件记录表明，如果妾通过法庭调解的方式来获得支持，而不

第五章 民国早期和中期法律中的脱离关系和扶养

是将此事诉诸审判来获得赔偿,那么她会更加成功。在调解中,该男子有过失的证据并不重要,他是否同意在脱离关系后为妾支付一笔固定的扶养费才重要。在没有过失的情况下,一些妾确实通过要求法庭调解解决,成功地从家长那里获得某种形式的经济扶养。

33岁的孟王氏就是这样。1942年,她通过北京地方法院的调解,与孟百川脱离了关系,并获得了一千元的生活费;作为交换,她将不再对孟百川在北京和上海持有的财产提出任何进一步的索赔(北京地方法院 65-18-3081)。在1943年的一个类似案件中,42岁的高静文在给孙畯夫做了二十二年妾后,寻求北京地方法院的帮助,调解她脱离关系和其后扶养的问题(北京地方法院 65-19-4530)。根据法院出具的调解笔录,双方同意以家长和家属的身份脱离关系。更重要的是,孙畯夫同意一次性或分期支付七千元作为高静文的生活费;与上述案件一样,协议规定,高静文今后不得对孙畯夫的财产提出任何要求。脱离关系后,高静文有权获得她所有的个人物品,包括衣服、珠宝和一些家具;然而,她要承担将它们从孙家运送到新家的责任。综合考虑后,高静文带着这份丰厚的财产离开了。

一些法庭调解在达成和解协议之前经历了一些法律纠纷。在1948年上海的一起案件中,苏州人王荷珍请了一名律师,向上海地方法院起诉了她的家长冼耀麟(上海第一特区地方法院 Q185-3-17450)。王荷珍列举了无法同居的不得已之事由作为脱离关系的法律依据,并要求冼耀麟继续支付扶养费。王荷珍的律师引用上文提到的最高法院1933年的裁决作为法律先例,该裁决将脱离关

115

系后配偶获得赡养费的权利扩大到了妾的身上,但他显然不知道最高法院在1944年推翻了该裁决。被告人冼耀麟在答辩中通过法律论证反驳称,由于他与王荷珍不再生活在一起,因此他没有扶养王荷珍的法律义务。调解笔录确实列出了当事人的两个不同地址,但由于该诉讼是由法院调解而非裁决的,因此王荷珍的居住并未成为问题。在法庭调解的和解中,王荷珍与之前几起案件中的妾一样,从她家长的财产中拿走了一大笔钱,条件是她同意不再提出任何要求。

然而,考虑到案件的事实,如果开庭审理,王荷珍很可能会败诉。首先,她的诉状中援引了最高法院1933年的裁决,以证明她在脱离关系后有权得到扶养。其次,从法律的角度来看,王荷珍在搬出冼耀麟家时就已经与他脱离了关系。在类似案件中,妾在其他地方居住后起诉要求扶养的判决表明,法院很可能驳回王荷珍要求扶养的诉讼,因为关系的脱离是由于她的搬走而不是法院的判令。然而,这两个问题最终都变得毫无意义,因为冼耀麟选择了和解,而不是将此事拖上法庭。

在许多方面,法院调解的和解允许妾在脱离关系后获得与最高法院在20世纪30年代给予她的同等程度的扶养。在这两起案件中,男子的过失对妾获得扶养无关紧要,而妾的清白和需求使她在脱离关系后有资格获得扶养。关键的区别在于,现在给予扶养是通过调解而不是裁决。

进入法庭的妾们希望遇到的法官富有同情心,愿意对法律做出有利于她们的解释。案件记录记载了这些妾,通常还有她们的亲属,坚持不懈地追诉,有时甚至一路追诉到最高法院。有些人取得了成功,但可能更多的人经历了失望。无论结果如何,留下的案件记录表明,一些妾非但没有穷困潦倒和被遗弃,反而足够了解法律,能够利用法律赋予她们的新权利诉诸法庭。

对于立法者来说,他们赋予妾脱离关系和受扶养的新权利,代表了他们为立法实现平等所做的努力。尽管在整个民国时期,这种做法的基本原理发生了变化,但其目标始终是让妾和她的家长处于一个更公平的竞争环境中。在民国早期,大理院对妾和她的家长一视同仁,要求双方遵守相同的法律标准。然而,最高法院热衷于纠正它所认为的妾与家长之间的严重权力失衡,超越了法律,将配偶获得赡养费的权利延伸到妾的身上。结果它遭到了保守派的强烈反对,司法委员会担心最高法院的裁决过度纠正了权力失衡,认为现在需要拯救的是男子。然而,随着法律的每一次变化,一些妾及其支持者们都能利用法律解释的变化来获得其所带来的任何新利益。

# 第六章　民国早期与中期法律中婚姻和纳妾的界限

仪式一直是区分婚姻和其他形式结合的一个因素。在民国早期,婚礼仪式本身只是法学家在确定结合是否构成婚姻时考虑的几种仪式之一。相比之下,国民党民法典将仪式作为合法婚姻的唯一标准。法律没有规定具体的礼仪,只要求仪式必须"公开",并至少有两人见证。① 然而,在20世纪早期,与娶妻和纳妾相关的社会仪式偶尔会重叠。根据法庭对什么是合法仪式的自由解释,基于仪式的婚姻定义的意外后果是,一些妾被法律承认为妻子,而纳妾将被作为重婚起诉。在民国早期不可能的事情在民法典实施后变得非常可能。

---

① 民法典颁布后不久,国民党政府就出台了新的婚礼仪式指南;它们是对第九百八十二条的补充。法学家们认为,现在要求所有的婚礼仪式都遵守这些准则还为时尚早。就目前而言,他们选择简单地遵守法律条文,把细节交由个人偏好(Glosser 2003:82—90)。

民国初年,大理院保留了清代纳妾的法律空间,从而继续保护这种习俗不受法律的约束。大理院含蓄地保留了清代对正妻和小妻的区分,使他们能够区分合法婚姻和像纳妾那样的半婚安排。民国早期的法学家们继续将男子与其妾的关系视为一种非正式、从未合法的婚姻。只要他们在法律中为半婚安排留出空间,而不赋予其作为正式婚姻的法律效力,纳妾就可以继续逃避有关重婚的法律制裁。

当国民党立法者在民法典中根本没有提及纳妾时,这一空间就消失了。纳妾在法律上已经不复存在,为妾的女子从定义上说就不是妻子;国民党法律没有为两者之间的法律类别留出空间。尽管如此,一些妾还是被法院承认为合法妻子,这要归功于20世纪初的三个发展的汇合:根据民法典行事的法学家对仪式要求的特别重视,第九百八十二条中仪式的法律标准的简化,以及妾进入家庭时举行仪式的实际做法。

## 社会实践中的仪式

根据儒家经典——最著名的是《礼记》《仪礼》和《白虎通》,一对夫妇必须按照适当的顺序遵循被统称为"六礼"的一系列仪式,才能被认为是已经结婚。儒家典籍规定了每个阶段都要遵循的具体规则,只有认真遵循这些准则,才能使这一结合成为婚姻。置妾虽然不需遵循六礼,但通常也会举行一个仪式来标示她进入这个家庭。虽然为妾举行的仪式不能与为妻子到来而精心准备的典礼相提并论,但事实上,人们仍然遵守了某种形式的仪式。到了清代,妾被认为是小妻,这种仪式承认了她的半婚身份。然而,举行仪式本身并不构成合法婚姻;为此,完成六礼是必要的。

## 正妻的仪式

自汉代(公元前206—公元220年)以来,六礼就规定了订婚和结婚所应遵循的仪式。① 尽管存在地区差异,但人们普遍认为六礼包括以下内容(阮昌锐 1989:20—32;马之骕 1981:7—16)。在第一个仪式"纳采"中,准新郎的家人派媒人带着礼物向女子的父母提亲;接受礼物即表示同意这桩婚事。第二个仪式"问名",需要获得女子的全名和她出生的年、月、日和时辰。第三个仪式"纳吉",通过占卜这对夫妇的八字,预测他们的相合或相克。如果一切都令人满意,男子的家人会付给女子的父母一笔事先商定好的款项;这笔"聘财"的交付就完成了第四个仪式"纳征",婚约也由此缔结。确定好婚期就完成了第五个仪式"请期",而在第六个仪式"亲迎"中,新娘在一队乐师的陪同下乘坐花轿被护送到新家。② 到宋代,六礼已被精简为三项:采择③,融合了前两礼;纳币④,结合了接下来的三个仪式;亲迎,这是最初的六礼中唯一完整保留下来的。虽然现在结婚仪式的数量减少了一半,但其仍然被统称为"六礼"

---

① 这里只讨论汉族的婚姻习俗。中国少数民族的结婚仪式千差万别,在此不做赘述。
② 关于六礼的详细讨论,参见徐朝阳 1934:112—118;Chiu 1966:7—10。
③ 第一个被精简的仪式也被称为"纳彩"(冯少立和陈国辉编 1991:6)。
④ 第二个被精简的仪式也被称为"纳征"(冯少立和陈国辉编 1991:6)。

(Chiu 1966:4—7;冯少立和陈国辉编 1991:6)。

伊沛霞和曼素恩(Susan Mann)对帝制晚期婚姻习俗的研究表明,事实上,六礼在实践中得到了遵守,至少在精英阶层中是如此。伊沛霞根据两本分别描述北宋和南宋时期开封和杭州社会习俗的手册,详细讨论了新娘的选择、聘财的交换,以及婚礼当天的庆祝活动等仪式(Ebrey 1993:82—96)。除了完成订婚和结婚仪式,新婚夫妻通常会在仪式结束后为亲朋好友举行宴会来庆祝这一结合,并起草婚书作为书面记录。① 曼素恩对清代中期婚姻话语的讨论指出,人们对儒家经典重新产生了兴趣,并强调典籍中规定的结婚仪式(Mann 1991:204—229)。虽然曼素恩更多是关注结婚仪式的话语而不是实践,但她的研究确实表明,清代中期知识分子对六礼的更多关注可能也反映在社会实践中。

中国学者的研究表明,六礼继续影响着当代的婚姻习俗。冯少立和陈国辉对20世纪广州和江苏地区流行婚俗的调查表明,尽管有一些修改和补充,订婚和结婚仪式仍然紧密遵循六礼。最明显的变化是对缩减的六礼进行了重新命名。原来的六礼在宋朝被简化为三礼,现在则被称为提亲、定亲和结婚(冯少立和陈国辉编 1991:6—15)。尽管名称有所改变,但广州和江苏地区的结婚仪式大体上仍保留了六礼的形式和顺序。从地理范围来看,马之骕对20世纪初婚姻习俗的研究涵盖了中国大陆的大部分省份和台湾地

---

① 这份婚书不是由政府机构正式颁发的,而是由媒人和当事人私下起草的。空白的婚书可以很容易地从书店买到(Chiu 1966:12)。表格中有新郎、新娘、介绍人、主婚人和证明人的名字,通常这些名字都是事先填好的。婚书的完成连同聘财的交付,意味着婚约由此缔结(徐思达 1932:122)。婚礼当天,表格上列出的每个人都要在婚书上签押。

区;北京、天津和南京则被分为单独的章节来讨论(马之骦 1981)。尽管马氏的详细研究揭示了一系列令人眼花缭乱的结婚仪式,但它们都反映了六礼的影响;社会可能已经更详细地制定了订婚和结婚仪式,但它们都保留了六礼作为核心。

## 小妻的仪式

只有娶正妻时才要遵守六礼,它们并不适用于妾的情况。《礼记》基于是否遵循订婚和婚礼等复杂仪式,区分了正妻和妾;任何不遵守六礼而出嫁的女子都被默认为妾(*Li Chi* 1967,1:479)。

虽然娶妾时不举行六礼,但一些仪式确实标志着妾进入她的新家庭。在大多数情况下,纳妾由媒人寻找合适的人选,但没有媒人的服务也可以纳到妾。通常情况下,无论是婚书还是卖契形式的契约,都是为了正式确立关系而拟定的。和正妻一样,妾的过门也要选在吉日。在约定的日期,一顶绿色的小轿子被派往妾的家,把她接到新的住所。当她到达时,她必须从侧门进入,而不是正门。她并不与她的新家长一起举行拜堂仪式或向祖先牌位行礼,妾的主要礼仪活动包括向正妻和家中其他的妾磕头。这种场合也不举行宴会来庆祝(冯少立和陈国辉编 1991:30—31)。婚礼仪式是为了庆祝正妻融入丈夫的亲属关系网络,而庆祝妾的到来的仪式的目的是强调和重申新成员在家长家中的从属地位。

轶闻证据表明,在民国,一些妾继续以这样简单和低调的方式

过门。凌叔华在回忆录中将"六妈"①的到来描述为一件相对平静的事:

> 客厅里全是人,爸、妈、姑姑,还有三妈和五妈,新妈跪在神龛前,叩拜三次。
> 拜过祖宗牌位,新妈向爸和姑姑磕头……
> 随后,她又向妈、三妈、五妈见礼。(Ling 1953:57)

这里没有正妻过门时所特有的许多仪式。从表面上看,第六任妻子是自愿来到这个新家的;她的家长显然没有安排婚轿护送她来到自己家里。尽管第六任妻子在神龛前叩拜,但她的家长并没有像对待正妻那样与她一起举行仪式。这个小小的仪式就是新来的妾向她的长辈们磕头,包括正妻和所有在她之前的妾。人们燃放爆竹,但正如凌氏解释的那样,目的是"驱鬼避邪"(Ling 1953:56)。

此外,代替婚书的是一份字据,通常规定了妾进入新家的条件。用来交易正妻的钱被伪装成"聘财",而购买妾没有这样的社交细节;它的经济性质有时会被一张卖契明目张胆地表现出来。正如赵冰(Vermier Y. Chiu)所言:

> 在双方就交易条款达成一致后,就全额支付,并确定将妇女"交付"给买方的日期。在这一点上,可以说,整个交易几乎类似于从商店购买商品,只是在购买妾时,买方必须在交货前

---

① 孩子们通常称呼他们的生母为"妈",其他的小妻被称呼为"二妈""三妈"等,这取决于每名女子过门的顺序。

全额付款——没有货到付款(现金或信用卡),也没有分期付款。(Chiu 1966:24)

六礼掩盖了婚姻的经济方面,而六礼在纳妾中的缺失,暴露了妾从娘家向家长家迁移的经济性质。

## 为妾举行的"正妻"仪式

到了20世纪,与娶妻和纳妾相关的仪式在社会实践中偶尔会重叠。张戎(Jung Chang)详细描述了她的外祖母玉芳的两次婚礼。虽然玉芳第一次嫁给薛将军是做妾,第二次嫁给夏医生是做正妻,但两次的婚礼仪式极为相似。事实上,张戎对她外祖母的两次婚礼的复述表明,在20世纪初,为妾举行同正妻一样复杂的仪式并不罕见。在社会的眼中,无论是为妻还是为妾举行的仪式,都是男子展示财富和权力的机会。对于妾来说,这也是他慷慨的表现,因为奢华的仪式能够顾全妾的家人的面子,因为他们本质上是卖掉了女儿。当提到薛将军"同意把纳妾仪式办得和明媒正娶一样隆重,使姥姥与全家脸面有光"时,张戎就暗示了这一点(Chang 1991:31)。张戎对她外祖母在1924年以妾的身份进入薛将军家的描述表明,到了20世纪,仪式还没有成为区分正妻和妾的明确标志。

薛将军从一开始就明确表示要收玉芳为妾。张戎解释说,她外祖母的父亲曾计划把他们撮合成一对,并没有更多其他的期望。令外祖母的父亲高兴的是,尽管将军与玉芳的结合并不是正式的婚姻,但他还是送了聘礼。在选定的日子,他派八个人抬着一顶用红色刺绣绸缎装饰的花轿到杨家迎亲。在迎亲队伍的陪同下,人们挥舞着彩旗、牌匾和装饰着被视为女子最高象征的金凤图案的灯笼,玉芳"游遍整个义县,进出四座城门,她昂贵的聘礼被放在手推车上,放在她身后的大柳条筐里……盛大的仪式使她感到自己获得了威望和尊重"(Chang 1991:31)。当晚,在红灯笼的辉映下,在鼓声、钹声和管乐器的喧闹声中,他们按照当地习俗举行了婚礼。薛将军和玉芳"向天地牌位磕头。之后他们互相磕头,然后我的姥姥按照惯例独自进入洞房,而薛将军与他们一起去参加一场盛大的宴会"(Chang 1991:32)。

从表面上来看,薛将军迎娶玉芳的仪式与正妻相称;这当然与通常纳妾那种简单而冷清的情况毫无相似之处。正如张戎解释的那样,"这和她所知道的纳妾仪式大不相同——一顶简陋的小轿,简简单单地铺上一层靛蓝色平布,由两个人或最多四个人抬着,冷冷清清,没有排场,没有热闹"(Chang 1991:31)。尽管举行了奢华的仪式,但玉芳的社会地位毫无疑问是妾。这个仪式可以掩盖玉芳被收为妾的事实,但至少在社会看来,它无法改变这一事实。

玉芳在与正妻极为相似的婚礼上被纳为妾,这似乎不是一个孤立的事件。20世纪40年代初,日本"南满洲"铁道株式会社(以下简称"满铁")在中国农村进行的民族志实地调查,使我们得以一窥民国晚期乡村习俗和日常生活。根据访谈,妾过门的方式往往与正妻没有区别。① 例如,河北东北部沙井村的村民解释说,在纳妾的过程中也要雇佣媒人,这表明纳妾和娶妻的程序是一样的。

---

① 这里参阅的"满铁"访谈汇编于1940年11月到1942年12月。关于"满铁"资料的讨论,参见 Huang 1985:34—36。

按照沙井村民的说法,"妾过门有结婚仪式,与庆祝娶妻仪式相同"(Chūgoku 1952—1958,1:250)。其他村民也证实,为妾举行的仪式"与正妻一样"(Chūgoku 1952—1958,1:275)。

"满铁"的采访表明,至少在仪式方面,纳妾与娶妻有很多共同之处。然而,这并不意味着妾与正妻享有相同的社会地位。尽管纳妾是半婚性质,但这并没有混淆谁是什么身份。当人们提到一名男子有两位妻子时,他们的意思是他有一位正妻和一名小妻(徐朝阳 1934:93)。因此,尽管娶妻和纳妾的仪式有时会重叠,但两者之间的社会区别仍然严格存在。妾可以按照六礼出嫁,但她仍然是妾。到了民国,《礼记》中以遵守六礼为基础的正妻与妾的区分已经不复存在;在社会看来,现在重要的是男子的意图,而不是女子过门的方式。

在民国时期,与娶妻和纳妾相关的仪式变得越来越相似,但这不应被误认为对两者之间非常严格的社会区别的普遍模糊;无论是在清代还是在民国,这条界限始终被严格遵守。正妻站在女性等级制度的顶端,而最后进入家庭的妾被置于最底层。事实上,正妻和妾之间的差异体现在很多方面——从一个人可以坐在哪里这样平凡的细节,到对自己孩子的所有权等更重要的问题。直到民法典实施后,妾才最终被承认为自己孩子的合法母亲(Bernhardt 1999:189)。

上述轶事证据强调了 20 世纪初社会对妾的矛盾态度。它们一方面说明了正妻和妾之间僵化的社会身份,另一方面说明了正妻和妾结婚仪式的相似性。事实上,一些妾的结婚仪式与为正妻举行的结婚仪式相似,但这丝毫没有模糊正妻和妾之间的社会身份差异。民国早期的法律基本上遵循清代的做法,尊重这一原则。当国民党立法者在民法典中将举行有两名证人的公开仪式作为法律承认婚姻的唯一标准时,这两者之间的法律区别才变得模糊起来。

## 民国早期法律中的仪式

尽管六礼在 20 世纪继续影响着结婚习俗,但立法者们不愿将其作为婚姻的法律标准,特别是考虑到"五四"对儒家思想的批判,以及西式婚礼仪式在上海等国际大都市的城市精英中越来越流行(Cowden 2012)。张绅在其关于中国婚姻法的专论中指出,立法者反对在婚丧仪式上使用"封建时代旧式"(张绅 1936:78)。虽然法学家们愿意承认按照传统结婚仪式缔结的婚姻的法律效力,但他们拒绝将六礼作为婚姻的法律标准。

### 婚姻的法律标准

民国早期法律在定义婚姻的法律标准时,在形式和精神上更多地遵循了清代的先例,而并非国民党民法典的前兆。虽然民国早期的法学家们没有强制要求遵守六礼,但他们认为有效的程序反映了儒家的订婚和结婚仪式,这些仪式以这样或那样的形式出现在大理院对婚姻的法律要求的解释中。虽然没有列出详尽的清单,但大理院的裁决确定了以下内容:获得媒人的服务,分发婚礼请柬,给新娘家送聘财,填写正式缔结婚约的婚书,以及举行适当形式的仪式。

大理院认同清代的假设,即订婚是结婚的先决条件,正式订婚的文书是具有法律约束力的契约。在一系列裁决中,大理院澄清了缔结婚约的两个先决条件。首先,必须由媒人起草一份订婚书,然后要么在当地报纸上公布,要么由所有利害相关方私下达成一致。其次,必须赠送和接受聘财。满足了这两个条件,婚约就具有法律效力和约束力(郭卫编 1933:212;214;217)。根据清代的法律,除非双方同意或有法律理由,否则不得解除婚约(郭卫编 1933:214—218)。

正如大理院的裁决所表明的那样,合法婚姻只需要满足订婚和结婚的部分要求,而满足这些要求的方式由当地习俗决定。大理院澄清说,虽然聘财和婚书都是合法婚姻的要求,但只要满足其中一个标准就足以使这种结合成为有效的婚姻(上海第一特区地方法院 Y5-1-38 [vol. 4, ch. 3], 31)。大理院甚至接受了婚帖作为已定婚约的证据(上海第一特区地方法院 Y5-1-38 [vol. 4, ch. 3], 31)。聘财的给予可以是现金支付的形式,也可以是同等价值的实物形式(上海第一特区地方法院 Y5-1-38 [vol. 4, ch. 3], 31)。至于婚书,法官们要依靠他们自己对按照当地标准什么构成契约的判断(郭卫编 1933:213)。① 尽管大理院提供了可接受的文书示例,但它的结论是,在没有法律规定的情况下,将以当地习俗为准。

---

① 另见郭卫编 1933:212;218。

## 第六章 民国早期与中期法律中婚姻和纳妾的界限

大理院关于婚姻的法律标准的几项裁决都强调了婚礼的重要性。1914年,大理院解释说,如果具备"举行相当礼式之日",婚姻就被认为是有效的。仪式可以按照当地习俗进行。遵循传统仪式还是新仪式无关紧要(郑爰诹等1932:426)。1920年,司法部重申了订婚的契约和聘财要求,以及结婚的仪式要求。然而,它没有规定满足这些要求的具体方式或形式,而是遵循当地风俗(郭卫编1931:797—798)。

尽管大理院对如何解释婚姻的法律标准持灵活态度,但它坚持认为,这种结合要想在法律上被承认为婚姻,必须满足一些标准。这是1921年大理院审理的一起杀人案的核心问题。正在上诉的被告刺死了一名与他的父亲同居的老年妇女。在大理院考虑这一上诉之前,它想知道这一罪行是否适用刑法对谋杀尊亲属施行更严厉惩罚的条款。要回答这个问题,首先必须确定被告的父亲和受害者之间关系的法律性质。如果受害者只是与他的父亲同居,那么这个案件将根据杀人罪的标准法律进行裁决。然而,如果她已经嫁给了他的父亲,那么该案将根据有关谋杀尊亲属的法律来裁决。大理院将案件发回下级审判厅,并指示通过确定他们的结合是否符合结婚的法律要求,来确定受害者与被告父亲关系的法律性质。与上述裁决一样,大理院对订婚有关的仪式给予优待:"被害人对于上告人之父已否取得妻之身份,应就其订婚之时具备法定要件与否为断。"(上海第一特区地方法院 Y5-1-38b [vol. 1, ch. 17], 27)为了指导下级审判厅,大理院将撰写婚书、正式订婚和收受聘财列为缔结合法有效婚姻的证据。与大理院先前发布的裁决一样,这并不是一份详尽的清单;法官应行使自由裁量权,以

129

确定订婚和结婚是否符合当地惯例。

## 结婚与纳妾的区别

虽然大理院确定的规约在单纯同居的情况下不会被遵守,但纳妾的案件通常不是这样。在社会实践中,许多与结婚有关的仪式也在置妾时举行,因此很难辨别一名女子是作为妻子还是作为妾出嫁的。玉德氏在向京师警察厅的报案中,指控她的女婿将她的女儿贬为妾室(北京地方法院 J181-19-13717)。为了支持她的女儿作为妻子出嫁的说法,玉德氏指出了媒人的作用与花轿的使用。然而,玉德氏在女儿婚后才知道,原来以为是女婿姐姐的女子其实是女婿的妻子,她的女儿已经沦为妾室。尽管玉德氏坚称她的女儿是作为妻子结婚的,但她所描述的仪式也可以很容易地在纳妾时举行。

1918年京师警察厅的另一起案件讲述了一个类似的故事,一名女子认为自己是以妻子的身份结婚的,但在婚礼后发现自己成了妾(北京地方法院 J181-19-19200)。在本案中,该女子的哥哥赵三德和嫂子赵牟氏来解救她,支持她作为妻子结婚的说法。这名年轻女子的所谓丈夫范伊博甚至在向警方的陈述中承认,分发了婚礼请柬,并安排了一辆马车将新娘送到他家。与之前的案件一样,有明确的证据表明他们遵循了某种仪式。然而,并不清楚这些仪式意味着这名女子是作为妻子还是作为妾结婚。

考虑到在纳妾时偶尔会遵循娶妻的仪式,法官们发现很难区分结婚和纳妾。在1916年安徽省的一起案件中,一名男子放弃了失踪儿子还会回来的希望,安排儿子的妻子成为另一名男子的妾。他们请了媒人,送了聘礼,并填写了婚书。有证据表明,与订婚和结婚有关的仪式都已经完成,这使得安徽省高等审判厅怀疑该案是否应该根据禁止重婚的法律进行审判,尽管这位儿媳在与第二名男子的结合中严格来说是妾。

大理院的回答是否定的,它将儿媳的罪行归类为和奸,①将公公的罪行归类为和卖(van der Valk 1968:199—200)。案件记录中没有大理院的完整回应,但大理院对案件的描述("与人为妾")表明该女子的妾的身份是大理院对此案进行分类的关键。事实上,大理院后来发布的裁决表明,在涉及妾的案件中,结婚标准被视为无关紧要的。

在1919年的一项裁决中,大理院将结婚的仪式与纳妾的习俗区分开来。大理院承认,虽然它们看起来是一样的,但它们的性质和目的有根本的不同。大理院将在纳妾时交换的物品归类为"资财"。大理院通过强调交换的财物而非仪式方面,无视了纳妾的半婚特征。正如大理院所阐述的那样,社会有时将这些物品称为"财礼",但法律并不认为它们是"订婚之财礼"(上海第一特区地方法院 Y5-1-38 [vol. 4, ch. 3], 32)。同样的逻辑也适用于为置妾而使用的婚书和媒人。虽然大理院在提到纳妾时经常使用"婚书"一词,但它并不认为纳妾就是结婚。同样,把男子介绍给潜在的妾的中间人也不被认为是包办婚姻的媒人(陶毅和明欣 1994:243)。尽

---

① 将儿媳的罪行归类为和奸而非通奸,表明大理院认为儿媳是未婚女子。在这方面,大理院同意公公认为该女子的丈夫不会再回来的看法,将其长期失踪视为遗弃或死亡的象征。

管在名称和实践上有明显的重叠,但大理院提醒说,娶妻的仪式不能与纳妾的习俗相混淆。

然而,正如这一裁决和其他裁决所表明的那样,大理院不得不承认娶妻和纳妾所遵循的礼仪有相似之处。在一起寡妇自愿改嫁为妾的案件中,大理院指示下级审判厅根据现行有关寡妇再婚的法律作出裁决。寡妇再嫁为妾与寡妇再嫁为妻一样,要由亡夫的祖父母或父母安排,如果没有他们,也要由自己的祖父母或父母安排(上海第一特区地方法院 Y5-1-38 [vol. 4, ch. 3], 33)。同样,1923 年的一宗案件提出了一个问题,即女子的父亲是否有将她嫁作人妾的法律特权,大理院明确地将维护祖父母和父母安排婚姻的权力的法律适用于该案(上海第一特区地方法院 Y5-1-38 [vol. 4, ch. 3], 32)。尽管大理院使用了"主持"而不是"主婚"来描述父亲在将女儿嫁作人妾的过程中所扮演的角色,但纳妾与结婚之间的比较(这一点在上述大理院关于财礼的裁决中已经被摒弃了)仍是不可避免的。然而,这并不意味着大理院对纳妾的处理存在矛盾,而是表明它对二者的形式和性质作出了根本的区分。虽然大理院愿意承认,纳妾与结婚在社会形态上有很多共同之处,但它始终将纳妾排除在法律对婚姻的定义之外。尽管对地方习俗的尊重有时会模糊结婚和纳妾之间的界限,但大理院仍然有权在任何有关结婚要求的地方适用的法律效力问题上担任最终仲裁者。

## 妾扶正为妻

虽然法律拒绝承认纳妾是婚姻,但在某些情况下,已被纳为妾的妇女可以获得妻子的身份。就像在清代,男子享有在其正妻去世后将妾擢升为妻的特权,这被称为"扶正"(Bernhardt 1999:169)。由于他的正妻已经去世,此时该男子不再被认为是已婚的。他现在可以选择让他的妾成为他的正妻,从而使他与妾的关系合法化。在1917年的一项裁决中,大理院重申了男子享有在其正妻去世后将妾扶正为合法妻子的权利。① 按照帝制晚期的惯例,大理院理所当然地承认妾扶正为妻后的法律地位。就像在清代一样,男子的话具有法律效力;他可以简单地宣布最喜欢的妾成为他的妻子,而法律也承认她。正如大理院在1919年的一项裁决中所解释的那样,在扶正的情况下,除非当地习俗要求,否则不需要举行任何仪式。② 在法律看来,重要的是男子明确表达了将妾扶正为妻的意图(郭卫编 1933:222)。大理院1919年的另一项裁决也肯定了这种婚姻安排,并免除了他们必须满足结婚的法律要求的责任。除非当地习俗规定将妾扶正为妻必须遵循特殊仪式,否则法律不会强加任何额外程序(上海第一特区地方法院 Y5-1-38〔vol. 4, ch. 3〕,33)。

同年,在大理院审理的另一起案件中,时间而非习俗导致法庭承认一名原本被视为妾的女子为合法妻子。在本案中,该女子在婚礼后发现她的丈夫已经与另一名女子结婚,虽然她拒绝接受妾的身份,但如果她选择留在家中,就只能做妾,这是法律提供给她

---

① 然而,只有纳妾的男子自己才享有这种特权。在1914年的一项裁决中,大理院否认了一名在家长去世后被其亲属扶正为妻的妾的婚姻状况(郭卫编 1933:207;219)。
② 例如,在贵州,习俗规定,只有为扶正的妾举行仪式,妾才能获得正妻身份(《贵州省之人事习惯》1925:18)。

的唯一选择。大理院援引了清代解除第二段婚姻的规定,命令后来结婚的妻子返回娘家,但补充说,如果第一任妻子在第二段婚姻被解除之前去世,那么新婚妻子就能获得妻子的法律地位(上海第一特区地方法院 Y5-1-38 [vol. 4, ch. 3], 34)。

虽然这些案件强调了妾可以获得合法妻子身份的情况,但这绝不意味着纳妾和婚姻在法律上存在任何混淆。大理院只有在第一任妻子去世后才会赋予妾以正妻身份,但这只能在遵循了家长意愿的情况下。即使有确凿的证据证明婚姻已经缔结,大理院对结婚的法律要求的解释也排除了纳妾作为婚姻被赋予法律效力的可能性。

## 民国早期纳妾的法律空间

民国早期的法学家延续了清代忽略重婚的做法,将其视为纳妾。清代的法学家在处理一夫多妻的案件时,把后来的妻子视为妾。如果提起诉讼,衙门将解除后一段婚姻,女子也将返回娘家(《刑案汇览》1886, 40: 22a—25b)。总的来说,民国早期的法律遵循了清代的先例,但大理院明确规定了女子事先知道男子婚姻状况并同意成为其妾的作用,这也是其裁决的核心。正如上面的案例所表明的,以及接下来的案例更清楚地表明的那样,如果女子知道与她结合的男子还与另一名女子结了婚,或者如果她接受了自己为妾的身份,那么大理院就会驳回与订婚和结婚有关的仪式的证据。在民国早期的法律中,决定女子身份的是她的事先知情和同意,而不是婚礼的证据。

## 事先知情的作用

如果女子在知情的情况下与有妇之夫结合,那么大理院就默认她是妾。在1916年的一个案件中,一名男子在与第一任妻子还处于婚姻关系时又娶了另一名女子。大理院解释说,如果女子事先知道自己要嫁的男子已经有妻子,那么法律就认为她享有妾的身份。大理院将女子事先知道男子的已婚状况解释为知情同意做他的妾。然而,如果男子向她隐瞒了其婚姻状况的真实性质,那么婚姻就会被解除,第二任妻子将离异归宗(徐思达 1932:82)。

值得注意的是,大理院没有使用"重婚"一词,而是更倾向于使用强调已婚情况下的欺诈的语言。事实上,大理院反复使用"欺饰"一词来描述婚姻已经缔结的情况,凸显了女子对其未婚夫婚姻状况的无知在大理院如何处理此案中所起的决定性作用。清代法律还命令解除在欺诈的情况下缔结的订婚和结婚(《大清律例》:101)。但是,清代法律只看女子的父母是否知道男子的已婚状况,而民国早期的法律也考虑该女子的知情情况,事实上,这是他们如何裁决案件的核心。

1923年的一个案件凸显了大理院在决定案件是否被视为纳妾或重婚时对女子事先知情的重视。本案中的女子援引了禁止重婚的法律要求离婚。虽然她在嫁给丈夫时就知道丈夫已经有妻子,但她一直被误导相信自己是以妻而不是妾的身份结婚的。大理院驳回了她的诉讼,认为她事先知道丈夫的已婚状况比她作为妻子的自我认同更具法律效力。大理院裁定,如果女子在订婚期间知道自己要嫁的男子已有妻子,那么法律就不认为由此产生的结合是重婚(上海第一特区地方法院 Y5-1-38 [vol. 4, ch. 3, sec. 4],37)。对大理院来说,该女子被引导相信她将承担妻子的角色并不重要;她是在知情的情况下与一名已婚男子结合的,这一事实使重婚的法律变得无关紧要。

虽然判决摘要没有提到兼祧的习俗,但所描述的情况说明,事实很可能就是这样的。在兼祧的实践中,一名男子会娶两位或以上的妻子,一位用来继承他父亲的血脉,其他的用来为他的一位或多位无子的叔叔传宗接代。结婚可以同时举行,也可以像本案一样在不同的时间举行。社会认为所有以这种方式结婚的女子都是"平妻",但清代和民国早期的法律都认为后来的妻子是妾。大理院在另一个案件中确实规定,如果在兼祧习俗中结婚的后任妻子在订婚时不知道她的未婚夫已经有妻子,并拒绝接受作为妾的法律身份,那么她可以寻求解除婚姻(上海第一特区地方法院 Y5-1-38 [vol. 4, ch. 3, sec. 4],36)。当然,这并不适用于上述 1923 年的案件,在该案中,审判厅驳回了第二任妻子的诉讼,理由是她事先知道她的未婚夫已经结婚。

## 同意的作用

大理院并没有明确地解除那些看似是重婚的婚姻,而是赋予法官在各种情况下确定禁止重婚的法律的适用范围的自由。在通常情况下,大理院的裁决将涉及妾的案件排除在禁止重婚的法律之外,而不是强制执行。例如,大理院认为,女子在婚礼后才知道丈夫的已婚状态,但她愿意作为妾留在家中,那么法院就应允许这样做。正如大理院将女子事先知道未婚夫的已婚状况解释为她愿意做妾一样,它也将女子事后接受丈夫的已婚状况解释为她同意做妾而不是妻。

在1917年江苏溧阳的一起案件中,法庭很容易就忽略了一个法律事实,即当女子事后同意做妾时,她的丈夫就犯了重婚罪。在本案中,男子无意中发现自己娶了两名女子。几年前,该男子的第一任妻子在一次入室盗窃中被劫持。男子以为她已经死了,就娶了另一名女子。然而,他的第一任妻子还活着;她设法逃离了劫持她的人,回到家却发现她的丈夫找人取代了她。虽然该男子与第一任妻子仍然处于合法的婚姻关系之内,但在县知事看来,由于他没有重婚的意图,因此没有发生犯罪。然而事实是,该男子有两名妻子;第一任妻子对合法妻子身份的要求是无可争议的,但第二任妻子呢? 按照大理院早先的解释,根据兼祧的习俗,第二任妻子在法律上被视为妾,县知事通过类比推断,本案中的第二任妻子也应被视为妾(郭卫编1931:340—341)。①

江苏省高等审判厅对县知事的报告并没有发表评论,而是将其转到了大理院,大理院补充说,如果本案中后娶之妻愿意,她可以重婚为由要求解除婚姻。但她当然也可以像县知事建议的那样,留在家里做妾。正如大理院所言,"若其自愿改妻为妾,于法尤无不可"(郭卫编1931:340—341)。根据民国早期的法律,女子在

---

① 1916年大理院关于按照兼祧习俗结婚的妻子的处理的裁决,参见郭卫编1931:245。

知情同意的情况下与已婚男子保持婚姻关系,在法庭看来,这种关系是纳妾,而不是重婚。事实上,在许多裁决中,女子的同意使大理院容忍了作为纳妾的结合,而不是以重婚为由解除这种关系。1919年,大理院规定,"有妻更娶者,后娶之妻如已知而仍愿与同度,并未经合法离异,即应认其为妾"(上海第一特区地方法院 Y5-1-38［vol. 4, ch. 1］, 31)。对于1920年的一个案件,大理院解释说,如果女子有为妾的意愿,那么法律应将她视为妾(郭卫编 1931:689)。在1923年的一个案件中,大理院宣布,如果女子在婚礼前并不知道她的未婚夫已经结婚,但随后接受了这一情况,那么解除这种结合的法律就不适用(上海第一特区法院 Y5-1-38［vol. 4, ch. 3, sec. 4］, 37)。

女子的同意在决定婚姻是否会以重婚为由被解除或作为纳妾而被容忍方面发挥了关键作用,这证明大理院继续保留了妾作为小妻的法律空间,这一空间最初由帝制晚期法律创造,后来被国民党民法典抹去。在上述大多数案件中,大理院承认一名男子娶了两名女子。但当第二次婚姻中的女子同意做妾时,法庭愿意忽略这一法律事实。她无论是在缔结婚姻之前还是事后对这一安排所表示的同意,都能阻止外界援引禁止重婚的法律来质疑这种结合。在这方面,民国早期法律继续保护纳妾不受禁止重婚的法律的约束。只要法庭将女子同意为妾凌驾于仪式的证据之上,那么纳妾就将继续逃脱重婚法的约束。但所有这些都将随着民法典的实施而改变。

第六章 民国早期与中期法律中婚姻和纳妾的界限

## 1929—1930年民法典中的仪式

日本民法典本身是德国和法国民法典的融合体,并受到瑞士法律的影响,中国民法典以日本民法典为模板,严格遵循了日本和欧洲模式的蓝图。当谈到建立婚姻的法律标准时,中国的立法者自然会参考以前的法典,而这些法典都要求以某种形式公开庆祝婚礼。然而,日本、德国、法国和瑞士的法典都要求正式的结婚登记,①而中国的民法典只要求举行至少有两人见证的公开仪式。

通过采用这种极简主义的方法,国民党立法者背离了传统做法。德国民法典载有六项非常详细地阐述结婚登记要求的条款(*The German Civil Code* 1907:293—294)。法国民法典包括七项具体规定庆祝结婚所涉及手续的条款(*The French Civil Code* 1930:72—74)。瑞士民法典中题为《婚姻的公告及仪式》的一章有15条(*The Swiss Civil Code* 1976,2:24—27)。虽然日本法典中没有那么多规定,但它确实坚持要求向地方登记官正式通知结婚情况(*The Civil Code of Japan* 1934:176)。

即使是中国民法典的早期草案,也对结婚的正式登记做出了一些规定。在国民党民法典之前的三份草案都规定,结婚必须向

---

① 参见日本民法典第七百七十五条(1898)、德国民法典第一千三百一十八条(1896年制定,1900年生效)、法国民法典第一百六十五条(1804)和瑞士民法典第一百一十六条(1907年制定,1912年生效)。国民党民法典在缔结婚姻方面与法国民法典最为相似,二者都明确要求公开庆祝结婚。然而,法国民法典要求这样的庆典必须由一位公务员见证;国民党民法典则没有这样的要求。

139

地方户籍登记机关报告才具有法律约束力。① 然而,在最终于1930年发布并于1931年实施的版本中,该法典只包含一条规定结婚的最低法律要求的条款。第九百八十二条简单地写道:"结婚应有公开之仪式及二人以上之证人。"

　　法律学者徐思达对离婚缺乏登记要求的讨论,指出了民法典中没有类似的结婚要求的可能原因。徐氏简明扼要地指出,"我国户籍尚未举办,即欲呈报,亦无相当机关"(徐思达 1932:75)。显然,国民党希望避免为登记结婚和离婚而设立或者扩大行政单位的花费和麻烦。面对当时国民党政府所面临的政治压力,对立法者来说,即使有可能建立一个全国性的登记系统,这似乎也是一项艰巨的任务。此外,考虑到中国文化、宗教和民族的多样性,更实际的解决方案似乎是以一种尊重不同婚姻习俗的方式来定义结婚,并让法庭来解决任何潜在的问题。也许,不强制婚姻登记的决定也反映了立法者对执法的担忧。在新的政府部门正式登记结婚的概念对大多数人来说似乎是陌生的,这使得执法成为国民党不得不面对的另一个问题。然而,正如下一章所述,放弃结婚登记的决定使妾更容易获得合法妻子的身份。

　　可以肯定的是,民法典的缔造者们没有预见到,在法庭实践中,仪式要求将成为赋予妾以合法妻子身份的法律工具。国民党立法者没有考虑到的是,在流行的做法中,娶妻和纳妾的社会仪式有相似之处。正如上面讨论的民族志调查和地方案件记录所表明

---

① 《法律草案汇编》,1926,vol.2;《大清民律草案》第四编亲属(1911):18;《民律草案亲属编》(1915):3;《民律草案亲属编》(1925):7。

第六章　民国早期与中期法律中婚姻和纳妾的界限

的那样,一些妾显然是按照传统上与正妻相同的仪式进入家庭的。即使欢迎妾进入新家的仪式被证明是一件低调的事情,但按照第九百八十二条的定义,妾进入家庭的简单仪式很容易满足仪式的要求。

适用第九百八十二条的法官只关心仪式的证据,仪式的简单或精致无关紧要。正如司法院在1933年的解释中所阐明的那样:

> 民法第九八二条所谓"结婚公开之仪式",无论依旧俗新式,均为一般不特定之人所共见,即为公开。至于证人,虽不必载明于婚书,但须在场亲见,而愿负责证明者已足。(傅秉常和周定宇编 1964,2:29)

重要的是要求"一般不特定之人"都能观看婚礼。正如后来的解释所阐明的那样,这种旁观者条件是法律"公开"标准的基础。①

司法院对第九百八十二条的澄清出现在许多出版物上。在众多向公众宣传和普及新法律的手册中,法律评论员吴瑞书附和了

---

① 葛思珊认为第九百八十二条加强了国民党政府对民众结婚方式的控制,因为它"迫使人们以国家可以'看到'的方式组织自己的生活"(Glosser 2003:92)。她坚持认为,第九百八十二条比以前规范结婚仪式的立法更为严格,并暗示传统仪式从定义上讲不符合法律对"公开"的定义。她认为,国民党使用"公开"一词来描述合法的结婚仪式,表明国民党立法者认为传统仪式是"封闭"的。根据葛思珊的说法,公开的仪式必须对国家"清晰可见",她认为传统的婚礼仪式不是这样的(Glosser 2003:91—93)。然而,司法院和最高法院对第九百八十二条的解释清楚地证明了国民党法学家愿意承认按照传统仪式庆祝的结合的法律效力。亦可参见 Levi 1945:270; Riasanovsky 1938。在法庭实践中,法官也只关注仪式的证据(无论是传统的还是其他的),而不计较仪式是否符合法律的公开标准。

*141*

司法院的观点,他解释说,公开的仪式不必遵循任何特定的仪式,也不需要证明他们的结合是结婚。此外,证人也不需要签署任何正式文件;法律只要求他们出席仪式(吴瑞书 1947:70—71)。

1937年,司法院对第九百八十二条作出了更全面的解释。他们提出了六种情况,其中只有一种符合合法婚姻的要求。其他五种情况似乎满足了结婚的法律要求,但由于一些技术性细节,未能达到法律标准(郭卫编 1946:1345—1346)。这里只讨论六个例子中的前三个,因为它们专门处理仪式要求。

在唯一一个同时通过仪式和证人考察的例子中,在场的不仅有两名必要的见证人,还有许多亲戚和朋友。此外,婚礼是在旅馆的一间房间内举行的,这种举行的方式让任何路过的人都能很容易地看到并认出这是一场婚礼。正如赵冰所阐述的那样,"如果门是关着的,或者房间的布置方式使得除房间里的人之外没有人能看到里面发生了什么,那么结婚就无效,原因很简单,因为它不是公开举行的"(Chiu 1966:129)。

第三个例子就是这样,司法院拒绝承认这一民间仪式的有效性,因为它不满足具有旁观者的条件。这一次,婚礼是在一个官署内举行的,出席婚礼的不仅有两名必需的见证人,还有该署的长官。然而,司法院再次坚持认为,如果仪式不能轻易被任何路过的人认出是婚礼,这对新人就不能被视为合法结婚。

第二种情况符合法律的公开标准,但没有实际的婚礼,意味着这一结合也不能被法律承认为婚姻。因此,在宴会厅里举行一场由双方亲友参加的盛大宴会,并不能保证这桩婚姻会得到法律的承认。当然,参加活动的客人认为他们是在参加一场婚礼;毫无疑问,当他们在宴会上向这对新人敬酒时,他们庆祝的是这对新人的婚礼。然而,在司法院看来,由于没有举行实际的婚礼,结婚的法律要求没有得到满足。

然而,由于第九百八十二条只规定了仪式必须公开举行,并至少有两人见证,因此许多仪式都可以满足结婚的法律要求。法官通常会考虑到婚礼仪式中的地区差异。法律在确定是否举行了法定仪式时对地方习俗的尊重,促使社会评论员张绅预测,第九百八十二条所体现的"形式婚主义"将逐渐演变为"事实婚主义"(张绅1936:77—78)。由于法官依靠习俗来确定是否满足了第九百八十二条的要求,第九百八十二条的法律形式主义为任何符合其标准的结合都打开了被解释为婚姻的大门。因此,被社会视为小妻的女子,如果能够证明自己是在符合第九百八十二条最低要求的仪式上被娶的,就可以被承认为合法妻子。

## 从同意到共犯

民法典颁布后,第九百八十二条成为确定结合是否构成婚姻的唯一标准。法院在涉及妾的案件中适用仪式要求的一个重要后果是,现在在仪式上结婚的妾,如果事先知道该男子已经有妻子,就可能因自愿成为重婚的共犯而受到惩罚。在民国早期,法院将事先知道男子的已婚状况解释为女子同意做妾,即使已经举行了婚礼仪式。然而,在民法典生效后,法院将事先知情视为该女子是教唆重婚的共犯;法院如何裁决此案,取决于公开仪式的证据,而

143

不是该女子明确表示同意做妾的证据。

只要有证据表明举行了至少有两人见证的公开仪式，法院就认为该女子在法律上是妻子，即使她从未质疑过自己的妾室身份。1944年，18岁的李二保发现自己面临重婚的指控，尽管她一直坚称自己愿意做妾（北京地方法院65-8-4981）。令她非常沮丧的是，北京地方法院宣布她是重婚罪的共犯。法院将仪式要求凌驾于一切之上，无视她作为妾的自我认同，在无可辩驳的仪式证据面前将她视为合法妻子。

讽刺的是，正是她的母亲提起的诉讼，最终导致她被定罪。这位49岁的母亲李张氏，声称她和丈夫已经把他们的女儿嫁出为妻，直到后来她才发现女儿的新婚丈夫已经有妻子，并育有两个儿子和一个女儿。在婚礼六个月后，李张氏援引一夫一妻制的原则，指控36岁的医生孙尧臣重婚。然而，李二保拒绝站在母亲一边指控孙医生；事实上，她承认自己在嫁给孙医生之前就知道他的婚姻状况，这导致法庭将她列为共同被告。

在立案的过程中，李张氏明白了证明曾经举行婚礼仪式的重要性。她解释说，首先，两位媒人为她的女儿和孙医生牵线，并起草了婚书。李二保坐着花轿来到孙医生家后，在亲友的见证下拜了堂，然后举行了庆祝婚礼的宴会。

除了对婚书的存在和拜堂的仪式表示质疑，其他的孙医生都承认了。虽然他后来承认举行了一个仪式，但他坚称在场的每个人都知道他是在纳妾。在盘问之下，他还承认写了礼单，这是一种与娶妻而不是纳妾有关的习俗。

由于无法抹杀大量关于举行过仪式的证据，孙医生决定改变策略,将责任推给李二保和她的母亲。孙医生辩护的核心是,母亲和女儿都事先知道他已婚的状况,这并不是母亲李张氏所说的婚姻欺诈。他请媒人为他找个妾,他们也照此通知了李家。孙医生辩称,这对父母同意这桩婚事时,就是同意女儿嫁作人妾。

虽然李张氏一直否认事先知道孙医生的已婚状况,但她的女儿作证说,她事先知道孙医生已经结婚。她同意嫁给他,并表示愿意做他的妾。如果是在民国初期,这一承认本可为孙医生和李二保开脱罪责,但在民法典生效后,这只会让他们被判重婚罪。在民法典实施后,当然到了20世纪40年代,法庭不再重视事先知情或是对这件事的同意和意图。法庭只关心婚礼的举行。在目前的情况下,孙医生是否有意纳李二保为妾并不重要;在法庭看来,他在亲友们的见证下参加了某种仪式,这就构成了他依法与李二保结婚的无法辩驳的证据。同样,在确定李二保的法律地位时,法庭也没有考虑她是否表示同意做妾。因为和孙医生一样,她也心甘情愿地参加了那些通常标志着正妻进入新婚丈夫家庭的仪式;这样一来,她嫁给了一个她知道已经有妻子的男子。无论是孙医生纳她为妾的意图,还是她同意担任这样的角色,都与已经举行合乎法律规定的仪式这一事实无关。最后,法庭判定孙医生犯有重婚罪,李二保犯有故意重婚罪。案件记录显示,被告人提出了上诉请求,但案卷中没有省级法院审讯或判决的记录。

上海地方法院在1944年的一起案件中作出了类似的裁决,此案与上述北京的案件惊人地相似。在该案中,同样是46岁的母亲赵沈氏提出的指控,最终导致她的女儿被定罪(北京地方法院R43-2-4401)。法庭判决45岁的苏金海犯重婚罪,20岁的赵梅宝犯故意重婚罪。和孙医生一样,苏金海也坚称赵梅宝是他的妾。和李二保一样,赵梅宝无意中向法庭提供了最终被用来指控她的证据。事实上,法庭根据赵梅宝的证词得出的结论是,她和被告举行了拜堂仪式和宴会,已经满足了仪式要求;法院作出了有罪判决,判处这对夫妇四个月有期徒刑。① 只要法院找到令人满意的证据,证明按照第九百八十二条的规定举行了仪式,女子在知情的情况下成为已婚男子的妾,就可以被判是重婚罪的共犯。②

比较民国早期和国民党法律对涉及妾的案件的处理,凸显出他们对法律的不同处理方式是如何导致相反结果的。大理院的裁决是根据案件的具体情况作出的:如果女子在知情的情况下嫁给已婚男子,或者接受自己的妾室身份,那么大理院就会无视她作为妻子结婚的证据。然而,国民党法律更为形式主义的方法,导致法官只考虑那些有助于他们确定是否满足结婚的法律要求的证据;所有其他证据都被视为无关紧要的。大理院无视了当事人在接受的情况下已经触犯重婚罪的法律事实,而国民党忽略了即使满足第九百八十二条规定的结婚标准该女子也是妾的社会现实。对民国早期的法学家来说,现实中存在的东西决定了他们如何应用法

---

① 值得注意的是,在这两起案件中,都是女子的母亲提出指控。1935 年的刑法没有对指控重婚的权利予以限制。如果像立法者对涉及妾的案件所打算的那样以通奸罪起诉,那么只有妻子才能提出指控。然而,在这两起案件中,孙医生和苏金海的第一任妻子都没有对丈夫纳妾表示反对。李二保和赵梅宝似乎都满足于保持现状。事实上,除了她们的母亲,每个人似乎都对这样的安排感到满意。如果案件按照国民党立法者的意愿根据通奸法进行裁决,那么这两位母亲都无权提起诉讼,更不用说赢得官司了。
② 亦可参见上海第一特区地方法院 Q185-2-4522;上海第一特区地方法院 Q185-2-2526。

律;对国民党法学家来说,成文法决定了他们如何看待社会现实。

尽管法学家们坚持认为纳妾不是重婚,但国民党法律对仪式要求的特别重视使纳妾有可能被判为重婚。通过将仪式作为确定这种结合是否构成合法有效婚姻的唯一依据,国民党法学家无意中使纳妾在满足第九百八十二条的要求时有可能被法律承认为婚姻。毫无疑问,立法者并没有打算将第九百八十二条作为将妾升为合法妻子的法律武器,但事实上它仍然是,这是它最重要的,也可以说是最具讽刺意味的后果之一。

# 第七章　法律形式主义意外承认纳妾构成重婚

尽管国民党法学家坚持认为纳妾不构成婚姻,但他们将婚礼仪式作为结婚的法律标准,无意中为纳妾被起诉为重婚打开了大门。从1931年开始,民法典第九百八十二条规定的仪式要求成为确定结合是否构成法律规定的婚姻的唯一标准。然而,合法有效仪式的标准是如此之低,以至被社会公认为妾的女子往往可以很容易地证明她进入家庭的仪式符合要求;在这种情况下,法律规定法庭应该承认该女子为合法妻子,即使她被社会认可为妾。

国民党法学家是如何无意中制造了一个显然与他们否认妾作为妻子的法律地位的明确意图背道而驰的漏洞的?国民党法律方法的法律形式主义特征,导致法官遵守法律条文并以公式化的方式适用第九百八十二条。在涉及妾的案件中,这意味着在满足第九百八十二条的要求时,他们对该女子是妾的证据不予理会。法官只关注案件中那些证明已经举行过婚礼仪式的事实;如果满足了这一点,那么本案中的所有其他事实都被视为无关紧要的而不被考虑。

毫不奇怪,仪式要求在重婚案件中发挥了决定性作用。在刑事法庭上,定罪或无罪的判决都取决于是否举行了婚礼。在民事法庭上,仪式的证据使女子能够要求解除婚姻并起诉要求经济赔偿。诉讼当事人根据不同的目的援引仪式要求来证实或否认合法婚姻的主张。由于大多数案件记录都缺少通常可以指明控告者的原始诉状,而且法院裁决只列出被告的姓名,因此并不总是清楚是谁挑起了诉讼。但是从案件细节来看,在大多数诉讼中,似乎是妻子或妾提出指控。在丈夫和妾被列为共同被告的案件中,妻子通常是提出指控的人;重婚罪的定罪将使她在民事法庭上被判离婚和获得赡养费成为可能。当该男子被列为唯一被告时,通常是妾(也经常是其尊亲属)提起诉讼;有罪的判决通常能够使妾在民事法庭寻求宣告婚姻无效和损害赔偿。

由于法律认为重婚是危害社会的罪行,因此任何人都可以提出指控。在某些情况下,当妾本人拒绝或无法提出指控时,就由妾的父母提出指控。① 此外,重婚罪自其行为实施之日起的十年之内都可以被追诉(*The Chinese Griminal Code* 1935:第80条)。虽然下面讨论的案件中的大多数妾在她们进入家庭后不久就指控她们的"丈夫"重婚,但有些妾等了好几年才提起诉讼。

与关于通奸的法律相比,重婚法的适用范围更广,使国民党法官能够在满足仪式要求的情况下,以重婚罪起诉纳妾案件。可以肯定的是,这不是国民党立法者的意图,正如第三章所述。但是,

---

① 例如,参见北京地方法院 65-8-4981;上海第一特区地方法院 R43-2-4401。这些案件已经在第六章中讨论。

鉴于国民党法律的形式主义性质，法官根据成文法作出裁决，在符合结婚的法律要求的纳妾案件中，他别无选择，只能以重婚定罪宣判。因此，有妾的男子现在面临着被以重婚罪起诉的现实可能性。① 在重婚案件中，接受自己妾室地位的女子有时会被列为共同被告。他们是否被定罪或无罪释放都取决于婚礼仪式的证据。

## 妾被赋予妻的身份

国民党立法者认为，他们可以通过把妾定义为家属来维持正妻和妾之间的法律区别。因此，从理论上讲，妾永远不应该获得合法妻子的身份，因为根据法律定义，她是家庭中没有亲缘关系的成员。但现在，仪式的要求使得妾在法律上有可能被提升为妻，并使纳妾行为面临被指控重婚罪的风险，这在帝制晚期和民国早期的法律中是永远不会发生的。

通过依赖仪式要求来确定结合作为婚姻的有效性，国民党立法者创造了一个几乎没有社会现实基础的法律拟制。对法庭来说，重要的是仪式的证据；这本身就足以让法庭在涉及妾的案件中宣判重婚罪。因此，如果举行了仪式，社会认可为妾的女子可以根据国民党法律被承认为妻子；决定她在法庭上的法律地位的是仪

---

① 民国时期对重婚的惩罚有所加重。根据1912年的《暂行新刑律》，对重婚罪的惩罚从最低拘役一日到最高三年有期徒刑不等（ The Provisional Criminal Code of the Republic of China 1923：第37和291条）。根据1928年刑法和1935年修订的刑法，重婚罪的最高刑罚是五年有期徒刑，没有规定最低刑期（ The Chinese Griminal Code 1928：第254条；The Chinese Griminal Code 1935：第237条）。

式的举行,而不是她被看待或对待的方式。

在仪式要求被写入第九百八十二条的几年前,最高法院已经将其适用于涉及妾的重婚刑事案件。在1928年的一起案件中,婚礼仪式的证据导致了重婚罪的定罪(张隽青1936:152)。被告对省法院的裁决提出上诉,坚称自己是纳该女子为妾。他甚至提供了打算纳她为妾的字据。最高法院驳回了他的上诉,理由是该男子迎娶该女子的当天,已经举行了符合要求的仪式。1946年的一个案件表明,国民党法官继续援引仪式要求来证明他们在涉及妾的重婚案件中的裁决是合理的。在本案中,上海地方法院认定他与一名女子的结合是合法婚姻,男子被判重婚罪,但他坚称该女子是他的妾(上海第一特区地方法院 Q185-2-4522)。法院只要找到令人信服的证据证明仪式符合第九百八十二条的要求,就裁决该结合为合法婚姻,而不管该男子的意图如何。

1944年发生在北京的另一起案件也表明,法院依赖仪式作为判定重婚罪是否成立的关键因素。在本案中,妾以其父为法定代理人,对该男子提出重婚指控(北京地方法院 65-8-5994)。18岁的妾志瑞珍认为自己是作为正妻结婚的。她声称41岁的被告李致祥曾告诉她李海成(正妻)是他的妹妹,后来是李海成自己告诉了志瑞珍,她才是正妻。李致祥坚称自己是纳志瑞珍为妾。他解释说,因为与他分居近十年的妻子李海成没有生育能力,所以他决定纳一个妾来履行传宗接代的责任。他强烈否认举行了他所谓"文明结婚礼",因为没有举行拜堂仪式。为了抹黑妾主动向法庭提交的婚书,李致祥声称那是事后写的,因此无效。为了显示对法律的熟悉,他完整引用了第九百八十二条,辩称他与妾的结合不符合任何一项要求;没有举行公开的仪式,只有一名证人能证明志瑞珍进入他的家庭。因此被告得出结论,二者之间不存在合法婚姻关系。

李致祥向法庭出示了一份书面契约,其中详细说明了志瑞珍作为妾进入李家的条件,以此作为其意图纳志瑞珍为妾的证据。该契约将志瑞珍、她的父母、被告和两名媒人列为当事人。考虑到书面契约的存在,被告似乎有压倒一切的胜算。然而,志瑞珍和她的父亲都作证说,他们不知道这份契约,也不知道被告已经结婚的事实。最终,志瑞珍和她的父亲设法说服了北京地方法院,使其相信他们举行了公开的婚礼;他们提交的婚书只是巩固了这一事实。法庭认为有确凿证据表明双方已经依法举行了仪式,因此驳回了被告提交的书面契约,认为其无关紧要。法庭没有进一步详细说明,只是对满足了有效婚姻的法律要求表示满意,并以重婚罪判处李致祥有期徒刑两个月。

被告向河北省高等法院上诉,法院只发现了破坏性的证据,暴露了被告叙述的前后矛盾。由于无法反驳志瑞珍的证词,即曾经举行拜堂仪式,李致祥改变了策略,声称他与志瑞珍结婚之前已经和第一任妻子离婚。然而,当被追问时,他无法向法庭提供有关这一事实的任何文件。正如法庭指出的那样,被告本人在一审中作证称,他和妻子李海成分居,但没有离婚。此外,高等法院提到了警察局和检察官办公室的调查,证实了这对夫妇确实仍然是夫妻。李致祥再次败诉,他既无法证明自己与李海成已经离婚,也无法证明自己没有与志瑞珍在公开的婚礼仪式上结婚。令他非常沮丧的是,河北省高等法院还将他的刑期延长至三个月。①

法庭将仪式要求凌驾于被告有书面证明的收志瑞珍为妾的意图之上,无意中使一名根据帝制晚期和民国早期的法律毫无疑问会被视为妾的女子获得了合法妻子的身份。在本案和之前讨论过的最高法院1928年的案件中,被告都清楚地认为自己在纳妾;这份书面契约只是被告和女子父母达成协议的一种形式。民国早期的法院会把这样的契约解释为被告有明确的纳妾意图,而女子也默许这样做。如果她不愿做妾,法院将解除这桩婚姻,并命令她回到娘家;在任何情况下,她都不会被授予妻子的法律地位。然而,对于根据新的民法典运作的法庭来说,结婚的意愿只能通过举行婚礼仪式来表达。只要一名女子能够让法院相信她与男子曾经举行仪式,她就可以获得法律眼中的合法妻子身份,即使这不是社会的看法。

在1931年一项具有里程碑意义的解释中,司法院解释说,即使已婚女子名义上是妾,即使实际上她们也被视为妾,但如果按照第九百八十二条的规定举行了婚礼仪式,那么由此产生的关系就是正式的婚姻,该男子即犯重婚罪(《刑法适用分则》出版日期不详: 124)。正如第六章所示,女子只有在嫁给男子之前就知道男子已婚,才会被判有罪。根据司法院确立的先例,最高法院在1937年的一个案件中维持了对57岁的刘振亭重婚罪的判决,理由是所提供的证据证实了傅氏(刘振亭坚称该女子是他的妾)关于举行了婚礼仪式的说法(《司法公报》1940,16:19—20)。与司法院的意见一

---

① 该妾志瑞珍也提起了民事诉讼,要求宣告婚姻无效并赔偿损失。案件记录包括被告的辩驳,但没有其他文件表明此事是如何解决的(北京地方法院65-8-5994)。

致,最高法院认为无论傅氏在现实中是否被视为妾,法律事实仍然是双方按照民法典的规定举行了仪式,因此,这段关系在法律上构成婚姻。在1944年发生在上海的一桩重婚案中,地方检察官也含蓄地援引了司法院1931年的解释,即无论后娶之妻是否被视为妾,只要双方举行了仪式,就构成重婚罪(上海第一特区地方法院R43-2-4401)。

一宗起源于上海的旷日持久且复杂的案件,涉及民事和刑事诉讼,一路上诉到最高法院,最高法院在面对符合第九百八十二条要求的仪式证据时,也忽视了纳妾的社会现实(上海第一特区地方法院Q185-2-468)。此案1943年始于民事法庭,当时洪黄氏向结婚十八年的丈夫洪醴泉提起诉讼,要求离婚、赔偿金和赡养费。在她提起诉讼的法律理由中,关于洪醴泉在纳洪朱氏为妾时犯下重婚罪的指控,与当前的讨论有直接关系。最高法院在裁决中指示上海高等法院确定洪醴泉与第二任洪氏结婚时"是否已具备公开之仪式"。只有举行了公开仪式,重婚罪才成立。

虽然民事诉讼到此结束,但刑事审判记录显示,第一任洪氏于1945年以重婚罪起诉了她的丈夫及其妾。上海市地方法院和高等法院都指出,有证据表明第九百八十二条的要求得到了满足,并认定洪醴泉和第二任洪氏犯有重婚罪。法庭确定了与订婚和结婚有关的具体仪式已经完成:合八字、确定仪式日期、发出请柬、用车辆将第二任洪氏接到洪家、举行拜堂仪式并举办宴会。上海高等法院在判决书中明确将"共同拜堂"认定为"举行结婚仪式"。法院的结论是,第九百八十二条的要求已经满足,所有其他证据都只是证实了第二任洪氏已经作为妻子结婚的法律事实。

## 第七章　法律形式主义意外承认纳妾构成重婚

洪醴泉和第二任洪氏在先后向上海高等法院和最高法院提出的上诉中,也援引了第九百八十二条,但他们用该条辩称,第二任洪氏以妾的身份进入家庭的仪式不符合法律要求。被告争论的关键是,标志第二任洪氏进入家庭的仪式反映了当地与纳妾而非娶正妻有关的习俗。洪醴泉坚称,只有第二任洪氏向他的祖先行了祭拜礼,而他没有,因为纳妾时他的参与既不是必要的,也不是惯例。洪醴泉辩称,在审讯期间,法庭书记员歪曲了他对有关拜堂问题的回答,暗示他也参与了拜堂。由于法院在很大程度上是根据他在调查期间被歪曲的陈述作出了有罪判决,因此洪醴泉得出的结论是,该裁决应该被推翻。

虽然最高法院确实推翻了上海高等法院维持的上海地方法院的原判,但这并不是基于洪醴泉的推理。最高法院援引了刑事诉讼法第二百九十四条第三款,即对曾经大赦者予以免诉。由于案件记录的不完整,这一大赦的性质和条款尚不明确,但事实仍然是,最高法院其实并没有推翻原判,因为它发现下级法院对该案适用仪式要求是错误的。

虽然大多数将仪式要求作为关键问题的案件涉及重婚指控,但任何要求法院对婚姻的法律效力作出裁决的案件都无一例外地援引仪式要求。如果一名女子在不知情的情况下嫁给了已婚男子,后来又试图结束这段关系,那么仪式的证据将决定她的诉讼是根据离婚法还是有关脱离关系的法律来进行审判。在1948年上海的一起案件中,陈文英起诉要求与吴林宝离婚,她声称吴林宝两年前欺骗她嫁给了他(上海第一特区地方法院 Q185-3-18282)。结婚七个月后,她发现吴林宝不仅有妻子,还有一位妾。由于不愿容

*155*

忍这种情况,她回到了娘家,从此便与被告分居了。在她离开吴家几个月后,被告被指控奸淫幼女并被定罪。陈文英抓住这个与吴林宝离婚的机会,在诉状中指出,民法典第一千零五十二条第十款将犯"不名誉之罪"列为离婚理由。吴林宝反驳说,他是纳陈文英为妾,她事先就知道他已经有妻妾。对于强奸罪的判决,吴林宝坚称自己无罪,坚持说自己是被诬告而定罪的。然而,上海地方法院根本不相信他的说法,并且批准了陈文英解除婚姻关系的请求。

尽管吴林宝声称陈文英是他的妾,但法院仍将她视为妻子,将她的诉讼归类为夫妻离婚,而不是家长与家属之间的脱离关系。法院如果将陈文英视为家属,则会将她在与吴林宝结婚七个月后返回娘家视为构成了脱离关系。而作为妻子,陈文英就不得不寻求法院的干预来终止她的婚姻。

具有讽刺意味的是,正是吴林宝的上诉为高等法院提供了支持下级法院判决的证据。吴林宝急于证明他与陈文英的婚姻不是以欺诈手段缔结的,而且他显然完全没有意识到第九百八十二条的仪式要求对他的案件的法律影响,他详细地讲述了他纳陈文英为妾时所遵循的仪式。根据吴林宝上诉中的一些证据(举行拜堂仪式、举办宴会、媒人的参与等),法庭同意这不是一起婚姻欺诈案件。然而,当吴林宝提供了许多与陈文英结婚的仪式的细节时,法庭得出了与他的预期完全不同的结论。法庭完全地参考了第九百八十二条,认为"举行公开之结婚仪式自已发生法律上之婚姻关系"(上海第一特区地方法院 Q185-3-18282)。在这种情况下,离婚法就可以适用了,尽管吴林宝声称自己无罪,但对他的定罪仍未改变,法庭维持了陈文英与吴林宝离婚的裁决。

## 第七章 法律形式主义意外承认纳妾构成重婚

同样,1948年上海的一个案件表明,对仪式要求的特别重视如何导致案件被归类为离婚,而不是脱离关系。常茵(音译)嫁给徐克生(音译)时,还不知道徐克生在乡下有妻子(上海第一特区地方法院 Q185-3-17890)。在得知徐克生第一任妻子的存在,以及他与另外两名女子的长期婚外情后,常茵以通奸为由起诉要求与徐克生离婚。考虑到徐克生的第一任妻子的存在,清代和民国早期法律会将常茵视为妾。但正如上海地方法院在其裁决中指出的那样,徐克生和常茵举行了婚礼仪式来纪念他们的结合。根据民法典中基于仪式的婚姻定义,法院认定常茵与徐克生的结合是合法婚姻,并因此将她的诉讼作为夫妻离婚处理。

法院依靠仪式要求来确定某一结合是否构成合法婚姻,这不仅使看似是妾的女子能够行使妻子的权利,也使她们能够行使寡妇的权利。在1947年上海的一起案件中,两名女子都自称是陈德福的遗孀(上海第一特区地方法院 Q185-3-13252)。这两名女子,64岁的严舜珠和51岁的王招弟,都向对方提起了脱离关系的诉讼,两人都声称对方试图窃取陈德福的孙子(也是其继承人)陈天宝的监护权,以控制家族财产。从对诉讼当事人和证人的审讯记录中可以看出,法院专注于搜集这两名女子与已故的陈德福正式结合的仪式的细节。上海地方法院判决王招弟胜诉,因为相关文献和证明能够证实她与已故陈德福的结合符合结婚的法律要求。法庭将严舜珠于1939年离开陈家解释为已脱离关系,这表明法院认为严舜珠拥有家属的地位,这是国民党法律对妾的分类。由于这似乎是她败诉的原因,因此严舜珠将上诉重点放在驳斥她离开陈家就是与陈德福脱离关系的说法上;作为合法的妻子,关于家长

*157*

与家属之间脱离关系的规定不适用于她。严舜珠援引民法典第一千零五十条的规定,即双方同意离婚必须有书面文件,并至少有两人见证,她指出,这些条件在她的情况中都没有满足。

然而,对法庭来说,唯一重要的证据是婚礼仪式的举行,而严舜珠始终无法提供。考虑到这两名女子的年龄相差13岁,看起来很可能年龄较大的严舜珠是正妻,年龄较小的王招弟是妾。然而,法庭依靠仪式要求来确定这两名女子与已故陈德福关系的法律性质,从而承认王招弟为合法妻子,认定严舜珠为妾。由于严格遵守第九百八十二条规定的婚姻的法律标准,法院驳回了这名被社会视为丧偶妻子的女子的法律主张,并将财产监护权扩大到一名被所有人认为是丧偶的妾的女子身上。

正如本案和上述案例所表明的那样,原本被视为妾的女子利用第九百八十二条所造成的漏洞,获得了只为妻子保留的权利。因此,若一名妾成功地说服法院,证明她是在符合法律要求的仪式上结婚的,那么如果她离婚了,她可以要求经济扶养,如果她丧偶了,她可以要求财产监护权。由于国民党法律的形式主义性质,法官必须在满足仪式要求时无视该女子是妾的证据。总之,这些案例表明,尽管法学家们承认这些女子的社会身份是妾,但仪式要求强制他们承认任何在符合法律要求的仪式上结婚的女子为合法妻子。

## 仪式要求和地方风俗

在迄今为止讨论的案件中,原告都能证明自己已经举行了结婚仪式。但是,当仪式的证据有问题时,会发生什么呢?如果一些传统上与结婚有关的习俗没有被遵守,或是以改良的形式完成的,那又会怎样?鉴于民法典第九百八十二条只规定仪式必须公开,并至少有两人见证,法官在确定法律究竟认为什么是"仪式"时有很大的回旋余地。鉴于司法解释在裁决仪式的举行时重视地方习俗,精通法律的女子可能会辩称,标志着她进入家庭的仪式代表了该地区的传统结婚仪式。

在1942年北京的一个案件中,有证据表明,根据第九百八十二条举行的仪式使一名表面上是情妇的女子获得了合法妻子的身份。由于婚姻的定义是以仪式为基础的,而且法庭依赖地方习俗来确定是否举行了仪式,因此34岁的张氏设法用不太完美的证据说服法庭,她是按照村里的习俗合法结婚的(北京地方法院65-6-4289)。张氏在诉状中辩称,她与张书田结合的仪式按照村里的习俗构成了婚姻,张氏将自己的婚姻描述为"后娶",并称自己为"后老婆"。她解释说,在她的村庄里,人们习惯于使用一辆没有装饰的篷车来迎娶正妻,因此在她的情况下使用一辆未装饰的小手推车符合惯例。她一到被告家,他们就举行了婚礼仪式,并向包括被告母亲在内的长辈们磕头。张氏特意指出,这一仪式虽然简单,但与为妾、兼祧之妻和扶正的妾举行的传统仪式完全不同;她强调,

*159*

在她这种情况下,毫无疑问,她是正妻。张书田被判重婚罪表明,北京地方法院相信了张氏的说法,认为双方已经举行符合第九百八十二条的婚礼仪式。法院在定义什么是仪式时遵从了习俗,使张氏获得了作为妻子的法律承认,尽管案件事实表明,她很可能只是一个情妇,或者最多只是事实婚姻的妻子。

习俗在法律上的作用,至少在涉及仪式要求方面,仅限于确定与婚礼仪式有关的社会习俗。虽然法官允许习俗影响他们对仪式的看法,但他们从不让习俗决定法律对婚姻的看法。这是第九百八十二条的专属权限,任何不符合其要求的结合都不被法律承认为婚姻,即使习俗上认为这是婚姻。①

## 没有仪式,就没有婚姻

虽然第九百八十二条可能对仪式的具体标准含糊其词,但它对实际仪式的必要性相当明确。法庭认为,如果没有举行过仪式的证据,其他一切结婚的证据都是多余的。因此,虽然法庭可以对不太完美的结婚仪式证据睁一只眼闭一只眼,但对仪式的要求却没有如此宽松:要么举行过仪式,要么没有。上述案件中的女子之所以获得合法妻子身份,仅是因为法庭认为已经举行过仪式。然

---

① 例如,国民党法律并没有自动承认进入家庭的童养媳是合法妻子;如果没有举行实际的婚礼仪式,那么童养媳就没有妻子的身份。相关的典型案例参见上海第一特区地方法院 R43-2-706。涉及童养媳的满足仪式要求的案件,参见上海第一特区地方法院 Q185-2-2966。

而,如果法庭不相信双方已经按照法律举行仪式,那么它就会否认这一有问题的结合作为婚姻的法律效力。

如果没有举行符合第九百八十二条要求的仪式,那么是否遵循了传统上与结婚有关的其他习俗也无关紧要。从法律的角度来看,由此产生的结合不是婚姻。正如法律学者吴瑞书在一本广受欢迎的民法典手册中所澄清的那样,在报纸上发布结婚公告、向亲友通知婚礼及举行婚宴这些本身都不符合婚姻的法律要求(吴瑞书 1947:188)。在 1939 年最高法院审理的一起案件中,一名女子声称自己已经作为妻子出嫁,因为有人派了一顶花轿将她送到新郎家,一路上鼓乐相随。根据当地习俗,使用花轿和鼓乐清楚地证明了婚礼的举行。然而,最高法院宣布,由于没有举行实际仪式,这段关系不是合法的婚姻(赵琛 1947,2:199)。

即使是法官也很难确定婚姻仪式是否满足了第九百八十二条的法律要求。在 1946 年的一起重婚案中,上海高等法院推翻了地方法院的有罪判决,理由是被指控为重婚的结合没有举行"公开之仪式"(上海第一特区地方法院 Q185-2-2966)。这起诉讼是由陈赵氏对其丈夫陈家方和他娶的女子王香提起的。陈氏作证说,她 19 岁时在公公主持的正式婚礼仪式上以童养媳的身份嫁给了陈家方。两级法院都承认这段婚姻具有法律效力。那么,是否重婚的问题,就取决于陈家方与王香关系的法律性质。两级法院都驳回了陈家方关于他纳王香为妾的说法。意图是无言紧要的;对法院来说,重要的是是否举行了符合法律要求的仪式。地方法院在作出有罪判决的裁定中指出,发出邀请和举办宴会是婚姻已经缔结的证据。陈家方对这一判决提出上诉,坚称没有举行实际的婚礼仪式。陈家方援引陈氏的证词称,她没有目睹任何仪式,只是在事后才知道所谓结婚。他在提起上诉时直接提到了第九百八十二条,并坚持认为在本案中,无论是公开仪式还是两名证人的要求都没有得到满足。

上海高等法院同意陈家方的推理思路,推翻了下级法院的判决。除了援引第九百八十二条,高等法院还援引了1939年最高法院的一项解释,规定"举行正式结婚典礼"是建立婚姻关系的法律条件。当被问及此事时,王香否认与陈家方进行过拜堂仪式。此外,陈氏坚持认为她的丈夫与王香的结合构成了婚姻,但她没有出席庆祝活动,也无法提供任何证据证明他们实际举行了婚礼仪式。虽然陈家方承认曾发出邀请并设宴庆祝他与王香的结合,但高等法院在其裁决中解释说,这些行为不构成"举行婚礼";因此,陈家方与王香的结合不符合第九百八十二条的法律要求,本案的重婚指控不成立。

由于指控重婚的权利不仅限于丈夫、妻子或妾,因此任何人都可以提出控告。在1946年北京的一起案件中,一位母亲指控她女儿的丈夫、42岁的崔金标重婚(北京地方法院65-12-1663)。尽管在提起诉讼之前,这对夫妇已经结婚三年,但这位48岁的母亲张路氏作证说,直到去年年底,当她去看望刚搬到北京的女儿时,她才发现崔金标有第一任妻子。张路氏表面上是代表当时已经神秘失踪的女儿张玉兰,声称自己拥有婚书,并指控崔金标重婚。

崔金标在答辩状中以传宗接代的理由为自己辩护,他解释说,因为他的第一任妻子不能生育,而他年过四十还没有儿子,所以他雇了两位媒人安排张玉兰到他家做妾,总共支付了八千元的身价

## 第七章　法律形式主义意外承认纳妾构成重婚

钱。崔金标承认,他曾在天津当地一家餐馆举办晚宴,邀请了女方的亲戚参加,并承认有婚书。然而,他坚决认为自己没有举行任何仪式,并认为婚书只是做做样子。

随着案件的展开,张路氏的说法中显然充满了矛盾;有一次,她甚至犯了一个错误,在被盘问时承认自己的女儿已经被纳为妾。无论如何,此案似乎都从未开庭审理。即使该案继续下去,法官也可能不会对重婚定罪,因为尚不清楚是否举行了仪式。

1944年北京的另一起案件也集中关注于查清是否举行了仪式。这桩诉讼是刘天佑对苏秀青提起的,他坚称该女子是他的妾(北京地方法院 J65-20-3394)。然而,苏秀青一直冒充他的合法妻子,并以他的名义借了350元钱。由于法律规定已婚夫妇应对配偶债务承担经济责任,刘天佑提起诉讼,希望法庭证明他与苏秀青的关系不构成婚姻,这样他就不必为苏秀青以他的名义所欠的债务承担责任。

法庭的质询集中于导致和围绕当事人之间正式结合的情况。刘天佑作证说,没有媒人参与其中,他只是有一天在一家餐馆门口遇见了苏秀青。那天她邀请他一起吃饭,他们最终发生了性关系。1941年10月25日,他决定纳她为妾。苏秀青证实了刘天佑关于两人之间如何相遇并在不久之后发生性关系的证词。然而,她坚称她被告知作为妻子而不是妾结婚。

尽管双方在苏秀青究竟是妻子还是妾的问题上存在分歧,但令人惊讶的是,双方在10月25日发生的事件的许多细节上都达成了一致。双方都承认举行了庆祝活动,刘天佑的亲友都参加了。苏秀青的母亲是女方唯一的客人;刘天佑指出,她的父亲没有出

163

席。双方都承认,曾用一辆车送苏秀青前往庆典,但既没有举行拜堂仪式,也没有签署婚书。

然而,由于案件是由当事人的亲友调解的,因此这个问题最终对法庭来说变得没有意义。想必这次调解为刘天佑带来了满意的经济解决方案,因为他提起诉讼的唯一目的是免除对苏秀青以他的名义所欠债务的经济责任。虽然法庭不必对此案作出裁决,但其质询的方式确实表明,法庭专注于确定仪式要求是否得到满足。该男子和他的妾都作证说没有举行过拜堂仪式,这很可能会导致裁决否定苏秀青作为妻子的法律地位。

无论诉讼当事人求助于法庭裁定结合是否构成婚姻的动机是什么,法官们总是依赖于举行了仪式或者缺乏仪式的证据来作出决定。在重婚案件中,大多数诉讼都要求法官确定结合的有效性,定罪或无罪都取决于仪式的证据。在男子被指控犯有重婚罪的案件中,被法庭宣布为妻的女子与那些不符合仪式要求的女子一样"结婚",区分她们的是第九百八十二条所划定的微妙的法律界限。

## 动机和利益

第九百八十二条使妾有可能获得作为妻子的法律承认,这是一个具有讽刺意味的结果,因为立法者曾明确否认妾的婚姻状况。地方案件记录表明,有不少妾试图利用法律漏洞获得合法妻子的身份。她们提起重婚诉讼的动机是什么?如果成功,她们又能获得什么好处?

# 第七章 法律形式主义意外承认纳妾构成重婚

## 经济动机

在许多重婚案件中,常见的主题是妾的经济动机。一直以来,正是缺少男子的经济扶养(无论是被遗弃还是贫穷),才促使妾提起重婚诉讼。44岁的王寿山被其妾孙叔敏指控重婚,直到1943年北京地方法院作出有罪判决,他才最终默许了其妾的经济要求。在最初申辩时,王寿山称孙叔敏是他的妾;直到后来,他才改口,坚称他们只是同居。然而,法院认为这一结合是婚姻,并判处王寿山重婚罪,他立即提出上诉。在此期间,王寿山同意支付一笔数额不详的赔偿金,并每月支付孙叔敏和他们的孩子的扶养费,他显然无意获得监护权。作为交换,孙叔敏将在上诉案件在河北省高等法院开庭时撤销指控。

按照约定,孙叔敏在讯问时否认了她对北京地方法院所说的她和王寿山合法结婚的说法,并证实了王寿山关于他们只是同居的新说法。这种前后矛盾没有逃过河北省高等法院的视线,它在判决书中指出:

> 虽然孙叔敏在本院易称与上诉人系姘度关系,并非正式婚娶等语,但此系在经人调解,由上诉人给付孙叔敏钱后始作如此陈述,显系故为开脱。(北京地方法院65-7-12404)

河北省高等法院已经识破孙叔敏在获得经济扶养的情况下为王寿山洗脱罪名的企图,她的话并不具有法律效力。北京地方法

165

院的有罪判决基于证实了孙叔敏当时说法的证据,即这对夫妇是合法结婚的,因为他们已经举行了符合第九百八十二条要求的仪式。她在上诉过程中的翻供并不能推翻王寿山重婚的法律事实。河北省高等法院别无选择,只能维持北京的判决。王寿山显然没有准备太多的辩护,因为他以为孙叔敏对他的说法的证实足以使法庭转而作出对他有利的裁决。然而,鉴于这种情况,法院只是将被告的刑期从六个月减为三个月,并准予缓刑三年。

重婚的定罪使受到伤害的配偶有权获得损害赔偿。民法典保障了被解除婚姻关系的受害方请求赔偿的权利(第九百九十九条)。仪式要求制造了一个法律漏洞,使妾可以主张合法妻子的身份,为妾寻求经济赔偿开辟了另一条路径。作为重婚婚姻中的妻子,妾可以援引第九百九十九条要求损害赔偿。

在上述案件中,孙叔敏不必单独提起损害赔偿诉讼,因为王寿山已经同意为她提供经济扶养,以确保她在上诉审判中的合作。然而,在其他一些重婚案件中,妾(有时是独自一人,但通常是与父母或其他尊亲属合作)利用仪式要求造成的法律漏洞来获得合法妻子的身份;一旦他们的结合被承认为合法婚姻,妾/妻子就可以起诉要求宣告婚姻无效并主张损害赔偿。如果各方意见一致,她甚至不需要正式诉讼。一些被定罪的重婚案件的档案里包括一份简单记录婚姻无效的声明以及一份由法院调解的协议,要求该男子向其妾/妻支付一定数额的赔偿金。

在大多数由妾提起的重婚案件中,妾将自己描述为婚姻欺诈的受害者,而男子指控妾敲诈勒索。1942年在北京,18岁的李叔真和作为其代理人的63岁的父亲,控告45岁的张海如犯有重婚罪

（北京地方法院 65-18-2174；北京地方法院 65-6-4788）。李叔真坚称，两位媒人中的一位曾告诉她，张海如的第一任妻子已经去世，她将作为继室结婚。然而，婚礼两周后，李叔真发现不仅新婚丈夫的第一任妻子活得好好的，而且他还有一个妾，他强迫她向她们磕头。此时，李叔真意识到自己被骗了，所以在父亲的帮助下指控张海如重婚。为了证明她与张海如的结合确实构成合法婚姻，她提供了公开仪式的证据，出示了证人的证词，并提供了婚书和结婚照作为佐证。

张海如反驳说，这位父亲是自愿把女儿卖给他做妾的，并指责父亲和女儿合谋勒索他的钱财。通过两位媒人的谈判，他向李叔真支付了总共210元的身价钱。他驳斥了有关仪式的说法，认为这是父女俩为了欺骗法庭而编造的谎言，并声称他是在李叔真父亲雇佣的两名手下的胁迫下在婚书上签押的，然后被迫与李叔真拍结婚照。张海如继续他的阴谋论，指控其中一名媒人唆使女孩的父亲阴谋勒索他的钱财。张海如告诉法庭，这位媒人对他怀恨已久，所以抓住这个机会报复他。

在刑事审判悬而未决的情况下，张海如提起了要求脱离关系的民事诉讼。作为理由，他指出李叔真拒绝与他行房，并与她的父亲勾结向他勒索钱财。由于他纳李叔真为妾的唯一目的是生一个儿子，而他的正妻和第一位妾都"无法"给他生儿子，所以他没有理由维持与她的关系。由于李叔真和她的父亲频繁要挟钱财，因此张海如只想断绝与他们的一切联系。李叔真没有履行与他行房事的义务，而且她与父亲一同敲诈钱财的行为暴露了她缺乏道德操守，这使张海如有了与她脱离关系的正当理由。

然而,这些原因是否构成脱离关系的法律理由成为有争议的问题,因为问题的关键在于李叔真的法律地位。李叔真在刑事法庭提出的重婚罪指控影响了民事法庭如何处理张海如提起的脱离关系的诉讼。正如河北省高等法院总结的那样,"上诉人诉求与被上诉人脱离家长与家属之关系,其理由是否成立,应以被上诉人是否具有妾之身份"(北京地方法院 65-18-2174)。北京地方法院作出的重婚罪判决与河北省高等法院的维持原判,表明两级法院都认定李叔真具有妻子的法律地位;因此,关于家长和家属之间脱离关系的规定不适用于本案。如果他们希望脱离关系,这对夫妇可以宣布他们的婚姻无效,这对李叔真来说比对张海如更有吸引力,因为张海如曾经希望逃避宣告婚姻无效可能会强加给他的经济义务。案件记录到这里就结束了,尽管李叔真很可能再次单独提起要求宣告婚姻无效和损害赔偿的诉讼。

1943 年,在北京的另一起重婚案中,16 岁的王秀真和她的母亲也希望定罪能打开财务安全的大门(北京地方法院 65-7-9258)。与张海如一样,本案被告、56 岁的石秉璋也已经有一妻一妾。与前一起案件一样,王秀真声称自己是在被欺诈的情况下结婚的,而石秉璋哭诉对方勒索。这两起案件之间唯一的区别,当然也是对当事人来说最重要的区别是,北京地方法院驳回了本案中的重婚罪指控,因为没有发现任何证据表明双方按照法律要求举行了仪式。

如果说重婚的定罪证实了妾对婚姻欺诈的指控(尽管这并不总是能消除对欺诈的怀疑),那么本案中对重婚指控的驳回就证实了被告对敲诈勒索的指控。在这对夫妇同意脱离关系并签署了正式脱离关系的书面契约仅仅两个月后,王秀真在母亲的帮助下又对石秉璋提起了重婚罪的刑事指控。① 幸运的是,石秉璋的一位熟人告诉他,另一个人也被同一个王秀真欺骗过。经过进一步调查,石秉璋获得了一份法庭调解的婚姻无效的记录,还发现了她与另一名男子的另一段婚姻的证据。石秉璋向法官展示了王秀真的前两段婚姻,作为证明这对母女有敲诈毫无戒心的男子的历史的证据。

在解除第一段婚姻的案件中,王秀真以重婚为由要求宣告婚姻无效,在结束第二段婚姻的诉讼中,她声称受到虐待。在这两起案件中,她都起诉要求损害赔偿;从她的第一次婚姻开始,她就起诉要求扶养。石秉璋也并未幸免于难。尽管北京地方法院驳回了对石秉璋的重婚指控,但这对母女又向河北省高等法院提起了上诉。这一次,王秀真和她的母亲还提出了附加诉讼,要求法院判令石秉璋在接下来的五年内或者直到王秀真再婚之前支付她们每人每月两百元的生活费。不幸的是,河北省高等法院驳回了王秀真和她母亲的上诉。因此,她们输掉了要求经济赔偿的诉讼,因为这一诉讼的成功取决于有罪的判决。

正如前面的案例所表明的那样,指控丈夫重婚的妾都有一个共同的动机:钱。1942年,中年的张剑秋也有这样的怀疑,因为他已纳四年的妾、26岁的张李氏出人意料地指控他重婚(北京地方法院65-6-2265)。张剑秋解释说,在过去的一年里,他遭受了严重

---

① 然而,王秀真坚称她是被任意驱逐的。然而,她在承认该契约的存在及其合法性,并试图利用该契约作为她与石秉璋合法结婚的证据时,却自相矛盾;书记员将这份契约标注为"离婚",而不是"脱离关系"。

的经济损失,抗日战争更加剧了这一损失;他的房子被毁,许多财产被没收。他还开着一家商店,但生意不景气,他无法维持张李氏已经习惯的生活方式。他将她的突然变心归因于他最近的经济困难,甚至愿意与她脱离关系。他不明白的是,为什么过了这么多年,她现在要指控他重婚;张李氏自己也承认,她和张剑秋"结婚"后的两周内就知道了正妻的存在。

对此,张李氏坚称当她发现张剑秋的第一任妻子还活着时,她就想对张剑秋提起重婚指控,但由于张剑秋威胁她而一直保持沉默。在其间的几年里,她声称自己像是囚犯一样,始终处于张剑秋的监视之下。直到她得以逃回娘家,才最终能以重婚罪起诉张剑秋。

虽然法庭更关心的是确定是否符合结婚的法律要求,而不是张李氏的别有用心,但考虑到之前的案件,张剑秋的影射听起来是真实的。张李氏的重婚指控和张剑秋的经济困难的巧合,无疑表明钱是问题的核心。张李氏没有同意张剑秋提出的脱离关系的建议,而是决定以重婚罪起诉他,这暗含着不可告人的目的。作为家属脱离关系并不能保证经济安全,但作为妻子被宣告婚姻无效在法律上使她有权获得损害赔偿;与上述案件一样,张李氏的选择取决于法庭如何界定她的法律地位。对张李氏来说幸运的是,法庭作出了有利于她的裁决,为她提供了起诉要求离婚和损害赔偿的法律武器。

## 威胁起诉

无论重婚是否在法律上被定罪,起诉的威胁和定罪的可能往往足以使男子在案件进入审判之前就屈服于女子的要求。① 例如,魏单氏在1947年向北京地方法院指控魏国祥重婚,就成功使其就范(北京地方法院 65-14-1502)。如果魏国祥的说法可信的话,他称之为妾的魏单氏提出指控,一开始是由于她因一件未公开的事情而生他的气。在那以后她平静下来,听取解释后,同意撤销指控。如果丈夫与另一名女子有染,妻子同样可以用重婚指控威胁丈夫。1948年,吕张氏以重婚、遗弃和虐待为由向上海地方法院提起离婚诉讼;她还要求丈夫支付赡养费(上海第一特区地方法院 Q185-3-19337)。她的丈夫吕成芝没有将自己的命运交给法庭,而是同意由朋友和亲人调解他们的分歧。当吕张氏从法庭撤诉时,调解方案一定令她满意。正如这些和其他案件所表明的那样,重婚的指控(无论是由妻子还是妾提出的)有时就足以说服男子采取更温和的态度。②

前一年发生在上海的另一起案件表明,法院轻而易举就批准了无可置疑的离婚请求。冯宝银以重婚为由要求与结婚两年的丈夫刘德喜离婚,称刘德喜又娶了一位谢姓女子(上海第一特区地方法院 Q185-3-10737)。尽管上海地方法院将刘德喜列为本案被告,但他在整个诉讼过程中始终缺席,法院将他的沉默解释为他接

---

① 黄宗智讨论了他所描述的"第三领域"在清代法庭系统中的重要性——这是一个介于民间调解和法庭裁决之间的半正式空间,在这一空间里,控告将在法庭之外得到解决。根据黄宗智的说法,在这个中间领域,从向当地衙门提起控告开始到案件在开庭前结束,如果当事人认为在法庭上胜诉的机会很渺茫,他们会选择庭外和解(Huang 1996:110—137)。

② 例如,参见上海第一特区地方法院 Q185-3-75141;上海第一特区地方法院 Q185-3-14508;上海第一特区地方法院 Q185-3-24235;上海第一特区地方法院 Q185-3-6452;上海第一特区地方法院 Q185-3-5956;北京地方法院 J181-19-38901。

受了冯宝银所陈述的事实,而法院也并未对此提出疑问。由于冯宝银没有要求赡养费,因此法院很容易就批准了她的离婚请求。

## 妾诉妻

在大多数情况下,仪式要求对妾比对妻子更有利。正如上面讨论的案件所表明的那样,那些成功地援引仪式要求来证明他们的结合根据法律条文构成婚姻的妾,能够在民事法庭上寻求损害赔偿。尽管妻子也可以利用仪式要求来指控丈夫及其妾重婚,但妻子若要质疑丈夫和妾的关系,通常会援引民法典关于通奸的规定。大多数拒绝忍受丈夫和妾关系的妻子都将通奸作为要求离婚和别居的法律理由(Bernhardt 1994:213)。

上面讨论的1943年上海的一个案例表明,不再愿意忍受丈夫和妾关系的妻子是如何将通奸和重婚作为结束婚姻的法律理由的。在她的案件上诉到最高法院的过程中,各级审理此案的法院都以第一千零五十三条为依据驳回了她的诉讼,该条款限制了配偶以通奸为由离婚的权利(上海第一特区地方法院 Q185-2-468)。洪氏也将重婚列为离婚的理由,但似乎没有任何法院在裁决中考虑到这一点,这促使最高法院将此案发回上海高等法院,由它来确定丈夫与妾的关系是否满足婚姻的仪式要求。

虽然案件档案中没有其他民事审判的记录,但它确实保存了刑事审判的记录。1945年,洪氏对她的丈夫和妾提出重婚罪的刑事指控。法官对一千零五十三条规定的条件的遵守阻碍了她在民事法庭上实现目标,但他们在本案中对第九百八十二条的适用导致她的丈夫及其妾被以重婚罪判处四个月监禁。她的丈夫及其妾就这一定罪一直上诉到最高法院,多亏了国民党法官对仪式要求的特别优待,她在各级法院都胜诉了。

原则上,纳妾不构成重婚,因为法律不承认纳妾是一种婚姻形式。然而,正如上文讨论的案件所表明的那样,法官们确实发现自己处于一种意想不到的境地,即在看似是纳妾的案件中宣判了重婚罪。为什么会出现这种明显的矛盾?答案就在于法庭对仪式要求的重视。

在很大程度上,国民党对婚姻的法律定义的本身,无意中使妾有可能获得作为妻子的法律地位。一方面,具体的法律规定了什么是合法婚姻;因此,根据第九百八十二条,任何以公开仪式庆祝并由两人见证的结合都将被视为婚姻。与此同时,用来确定是否举行了合法仪式的标准是基于习俗的,而习俗因地区和个人情况而异。法庭广泛接受可以构成仪式的内容,加之婚姻的法律要求简单明了,以及法院严格遵守法律条文,有时就会导致承认妾是合法妻子。

有时纳妾会被当作重婚起诉,然而这不应被误认为放宽了纳妾和婚姻之间的界限;如果说有什么不同的话,那就是法学家们极其谨慎地捍卫着这条边界。这些案件揭示了纳妾和婚姻之间的模糊界限,不是在法律概念上,而是在区分它们的社会仪式上。那些成功指控丈夫重婚的女子之所以能够这样做,只是因为标志着正妻和妾过门的仪式有时会重叠。上面讨论的大多数案例,都提供了庆祝结婚的证据——举行拜堂仪式、举办宴会、婚书、婚礼请柬、花轿、祖上三代的名单。先不谈这些证据是否符合法庭对合法婚姻的标准,事实仍然是,标志着妾进入家庭的仪式有时与标志着正妻过门的仪式无法区分。当立法者将仪式作为确定婚姻法律效力的唯一标准时,他们显然没有预见到仪式要求可能导致承认纳妾构成婚姻。考虑到立法者明确否认妾的婚姻状况,这是一个具有讽刺意味的结果,但考虑到国民党法律的形式主义方法,这又并不完全是令人惊讶的结果。

# 第八章 法律实用主义下的纳妾

尽管双方存在分歧,但在婚姻改革问题上,国民党和共产党有着共同的议程。双方都支持平等和一夫一妻制,捍卫婚姻自由和个人自主,并谴责包办婚姻和纳妾等做法。虽然它们在基本原则上达成了一致,但它们颁布的法律有时反映了对这些原则的不同解释。国民党的法律将纳妾视为通奸,中国共产党法律则将其视为重婚,就是一个很好的例子。

纳妾在国民党和中国共产党法律中所走的不同道路,更多源自不同的法律方法,而不是原则上的根本分歧。然而,数十年来,两党之间已经将法律方法上的分歧转化为意识形态分歧。在很大程度上,以往关于20世纪中国婚姻改革的学术研究强化了这一观点,国民党通常与自由主义联系在一起,而中国共产党与马克思主义联系在一起(Wang 1999)。在对这种意识形态驱动的观点的批判中,黄宗智转而关注法律实践(2010:227—252)。从这个有利视角来看,国民党和中国共产党对待纳妾的不同方法,与其说反映了明显的自由主义或马克思主义观点,不如说是反映了形式主义和实用主义的立法方法。

民国时期,虽然国民党和中国共产党都承认纳妾与婚姻有相似之处,但只有中国共产党正式承认纳妾为合法婚姻。正如第三章所述,国民党法律的形式主义导致法官无视纳妾的社会现实,而倾向于他们所创造的将纳妾视为通奸和将妾视为家属的法律拟制。与此相反,中国共产党务实的立法方式引导他们从社会的角度看待纳妾问题。这导致他们将纳妾归类为事实婚姻,即公开承认为婚姻的结合。中国共产党承认事实婚姻具有法律效力,导致纳妾被定为重婚。

国民党法律的形式主义和中国共产党法律的实用主义之间的对比,也反映在他们不同的工作作风上。国民党法官根据法庭上出示的相关证据作出裁决,严格遵守成文法往往会导致那些无助于法官解决法律问题的证据被驳回。相比之下,中国共产党法官是在经过深入而持久的调查、亲自揭露了所有已知事实后才做出决定的。当事人的社会环境就像是中国共产党法官的法庭。这一系列实践产生于根据地的革命经验,并在处理离婚诉讼的过程中得到发展,构成了黄宗智所说"毛泽东时代实质正义"(Maoist justice)的核心(2010:87—123)。

国民党和共产党的支持者们也有助于解释它们对纳妾不同的法律应对。置妾的男子更有可能住在国民党控制的城市地区。国民党的成员也更有可能拥有妾室。鉴于在国民党控制地区及其成员中纳妾的发生率较高,国民党立法者更倾向于采取这样一种政策,即既允许他们坚持反对纳妾的原则立场,又能或多或少地保持这一习俗不变。相比之下,中国共产党控制了一些最贫穷的农村地区,这些地区的男子认为自己能够娶得起妻子就已经很幸运,更不用说纳妾了。纳妾仅限于那些被认定为阶级敌人的地主或富农群体,中国共产党不会过分关心他们的意愿。对中国共产党来说,对纳妾采取强硬路线并没有削弱他们与农民的关系,而农民是他们获得支持的基础;事实上,该举措甚至可能加强了这一关系。

尽管在整个20世纪30、40年代,中国共产党在其控制的地区颁布了大量关于婚姻和家庭的法规,但外国侵略战争和内战占据了中国共产党的全部注意力。然而,这些早期的婚姻改革试验为1950年婚姻法的最终颁布奠定了基础。1950年颁布的婚姻法遵循早期的先例,将纳妾作为违反一夫一妻制理想的习俗之一,但它没有将纳妾认定为重婚。中国共产党当时面临的任务是充实将纳妾归类为重婚的法律依据。

## 比较视野下的婚姻和婚姻立法

总的来说,关于20世纪初中国女性的研究,因为意识形态的不同,往往掩盖了国民党和中国共产党在婚姻改革思想上的交集。

事实上,赵冰对从清代到中华人民共和国的婚姻法的研究证明了意识形态在塑造对过去的学术解释方面的影响。毫不奇怪,赵氏与国民党的关系影响了他对纳妾法律的看法。① 尽管他承认国民党法律存在漏洞,使纳妾得以继续逃避法律制裁,但他最终得出结论,国民党对纳妾的处理远远超过之前或之后的任何立法。然而,赵氏一举抹杀了中国共产党在婚姻立法方面的贡献。他否定了1950年婚姻法第2条禁止重婚和纳妾的规定,声称重婚"自古以来在中国就是犯罪",是国民党立法者首次将纳妾定为犯罪(Chiu 1966:192)。虽然这两方面从技术上来讲是正确的,但他掩盖了其中的重要区别,因此忽略了一夫一妻制和纳妾之间的关系从清代到民国再到中华人民共和国的变化。

因为在20世纪初,"一夫一妻制"中"妻"的含义随着时间的推移而发生了变化,所以一夫一妻制和纳妾之间的关系也随之改变(Tran 2011)。根据帝制晚期的法律,重婚意味着同时娶两位正妻。由于清代法律只承认第一位完全遵守六礼过门的女子为正妻,对其他所有的妻都默认为妾,因此重婚仅在法律理论上是犯罪;在法庭实践中,法律纵容了多妻的习俗。在清代法律下,一夫一妻的制度与纳妾的习俗是相容的。相比之下,国民党和中国共产党的立法者都回避了帝制晚期对正妻和妾的区分。然而,国民党法律否定了妾作为妻子的身份,并以通奸罪惩罚纳妾。另一方面,中国共产党法律将纳妾视为重婚。

然而,在意识形态驱使下,赵冰对1950年婚姻法的贡献轻描淡写,忽视了中国共产党法律引入的纳妾与重婚之间的新关系;相

---

① 民国时期,赵冰担任过湖北省高等法院院长,湖南省高等法院首席检察官,以及外交部、交通部、工商部和福建、安徽、江西省政府的法律顾问。然而,在中华人民共和国成立后,他移居中国香港。(Chiu 1966:扉页)

反,他将它们视为两个独立且不相关的问题。因此,尽管赵冰正确地断言国民党法律已经将纳妾定为犯罪,但他完全忽略了将纳妾从国民党法律中的通奸重新归类为1950年婚姻法中的重婚的重要性,这导致他错误地认为国民党法律已经规定关于纳妾的所有问题,而中国共产党法律没有任何新的或者不同的补充。

在政治光谱的另一端,有学者对中国共产党版本的事件表示同情。① 中国共产党希望将其法律改革与其意识形态对手的法律改革区分开来,并将中国共产党法律的成功与国民党的缺点进行对比。由于国民党和中国共产党都将"封建主义"视为共同的敌人,而且都声称他们的法律推翻了帝制晚期中国的封建制度,因此中国共产党必须准确地展示其法律如何更有效地打击"封建主义"。纳妾等问题使中国共产党有机会将自己的做法与国民党的做法相对比,使人们对于国民党对一夫一妻制婚姻制度的承诺产生怀疑。在中国共产党看来,要想有效地根除纳妾这一社会习俗,就必须认识到男子与妾的关系是公众关注的问题,而不是私人利益的问题。中国共产党在宣布纳妾等同于重婚时,是将纳妾作为一个公共问题的,而国民党在将纳妾置于通奸法之下时曾表示,它是将男子与其妾的关系视为私事的;只有中国共产党的策略才能有效地终结纳妾。通过对比中国共产党以重婚法废除纳妾的成功

---

① 关于早期对国民党法律的批判,参见罗琼1936年关于妇女解放运动的文章,最初发表在中国共产党主办的《妇女生活》杂志上,后来在中国共产党控制的中国妇女出版社的赞助下重印。通过提及1935年国民党对通奸法的修订,以及在此之前丈夫通奸并不受惩罚,罗琼认为女子持续地在经济上依附于他人的现实与国民党法典中表达的法律平等的承诺相违背(中华全国妇女联合会妇女运动史研究室编1991a:522)。

和国民党以通奸法保护习俗的拙劣议程,中国共产党可以将自己表现为封建主义的真正敌人。

1958年发表在法律期刊《法学》上的一篇关于国民党法律的文章体现了中国共产党的观点,正如其标题《国民党伪"六法"的反动实质》所暗示的那样。宋光和江振良强调了国民党法典的资本主义、帝国主义和法西斯主义实质,并将国民党法典未能实现其自诩的原则归因于"维护封建婚姻制度、封建继承制度及封建家族的统治,压迫妇女"的不可告人的动机(宋光和江振良1958:21)。因此,他们得出结论,国民党立法者采取了一种含蓄宽容而不是明确禁止的态度来保留像纳妾这样的传统习俗。

同样,当代学者王绍玺也向国民党法学家对平等和一夫一妻制原则的承诺进行质疑。在对国民党建立的法律体系的讨论中,王绍玺认为,那些旨在遏制这种习俗的法律反而允许了它在实践中继续存在。他特别指出了法律中的漏洞,即免除了男子纳妾的法律责任;赵冰只是承认这些漏洞的存在,而王绍玺揭露了这些漏洞是国民党法律在纳妾问题上的"阿喀琉斯之踵":

> 在当时的中国,妇女解放、男女平等的问题才提出不久。家庭还操纵在父亲或丈夫手中,妇女还完全处于受支配的地位。除了极少数先进妇女以外,她们没有工作的机会,没有可以自立的财产①,事事要依赖父兄或丈夫。在这样的历史条件下,丈夫,尤其有权有势的丈夫,要想纳妾,妻子是难以不"明

---

① 国民党民法典确实赋予了女性平等的财产权,并得到了法庭的支持,尽管结果喜忧参半(Bernhardt 1999:101—160;188—195)。

认"的。丈夫先纳了妾,做妻子的也只能"默认"。再说,纳妾的丈夫,总能找到使妻子明认或默认的理由。(王绍玺 1995:146—147)

王绍玺论点的基本假设是,20世纪30、40年代女性地位低下的社会现实与作为国民党法律基础的平等主义理想之间存在着不可逾越的鸿沟。也就是说,国民党法典预设了一个女子与男子享有平等地位和权利的社会;他们没有考虑到根深蒂固的习俗和保守思想给女性带来的真正障碍。王绍玺似乎认为国民党立法者利用关于纳妾和女性从属地位的传统观点,并通过明示或默许的条款容忍纳妾。正如他所总结的那样,"其中的'得妻之明认或默认'一语,把《民法》中的一夫一妻制婚姻和禁止纳妾,一下子变成了一纸空文"(王绍玺 1995:146)。

王绍玺对国民党关于纳妾的历史的看法在很大程度上是正确的。虽然赵冰得出了完全不同的结论,但他已经做出同样的让步。尽管他们各自对国民党和中国共产党法律的解释存在差异,但他们都认识到在充分实现平等的法律承诺的道路上的社会障碍。但是,赵冰认为国民党法律的无效源于棘手的社会态度,王绍玺则认为问题的根源在于法律本身。对赵冰来说,法律只不过反映社会,而对于王绍玺来说,法律可以改变社会。与赵冰不同的是,王绍玺并不认为纳妾会随着时间的推移而消失,如果中国共产党的法律没有采取积极的措施将其消灭,这一习俗将会像几个世纪以来一样根深蒂固。

作为遏制纳妾的法律手段,国民党关于通奸的法律显然是无效的。但这并不一定意味着它们像王绍玺所说的那样无足轻重或者没有达到一夫一妻制的理想。尽管国民党未能消除纳妾这一社会习俗,但必须肯定国民党首先将纳妾作为离婚的理由,然后将其定为通奸罪。考虑到千年以来法律容忍的历史,这两项都是革命性的举措(无论多么不情愿)。在整个 20 世纪,一夫一妻制作为法律原则和社会规范的含义不断演变,重构了一夫一妻制和纳妾之间的关系。与其像王绍玺那样认为对一夫一妻制的承诺必然意味着以重婚为由禁止纳妾,或者像赵冰那样断然否认一夫一妻制与纳妾之间的任何关系,不如将一夫一妻制和纳妾之间的关系视为具有历史特殊性且不断变化的关系。

通过以 1950 年婚姻法明确禁止纳妾作为其研究的结尾,王绍玺似乎在暗示关于纳妾的历史也结束了。但正如梅杰(Marinus Meijer)的著作所表明的那样,婚姻法不但没有结束这一历史,反而使它更加复杂。接续着王绍玺的研究,梅杰展示了纳妾是如何被归入更普遍的重婚范畴的。

与赵冰和王绍玺一样,意识形态也驱动着梅杰的解释,这使得他也不相信国民党法律与 1950 年婚姻法之间有任何联系。梅杰将国民党的法律理论与孙中山的三民主义联系起来,将中国共产党的法律理论与马克思列宁主义联系起来(Meijer 1971:24—34)。那么,从法律理论的角度来看,1950 年婚姻法的根源只能在于共产党早期在江西苏维埃政府和边区的立法。然而,这种受意识形态驱动的对国民党和中国共产党法律的看法,不可避免地忽略了两者之间的交叉点。此外,由于梅杰的讨论仅限于中国共产党方面,因而他忽略了"通奸""重婚"和"纳妾"等术语在国民党法律下所具有的特定含义,这些含义影响了中国共产党的法律思想。

尽管存在分歧,但中国共产党和国民党都拥护婚姻自由、平等和一夫一妻制的基本原则。中国共产党在1949年以前颁布的所有婚姻法(以及1950年婚姻法),都将此作为基本原则。1931年《中华苏维埃共和国婚姻条例》第一条的部分内容是"确定男女婚姻,以自由为原则"(李忠芳等编 1984:81)。第二条是"实行一夫一妻,禁止一夫多妻"。尽管以往的立法中一直隐含着平等原则,但直到1943年修订《晋冀鲁豫边区婚姻暂行条例》时才明确提及。其开篇简单宣称,"本条例根据平等自愿,一夫一妻制之婚姻原则制定之"(李忠芳等编 1984:87)。山东省紧随其后也开始制定婚姻暂行条例,其中一条宣布男女平等、婚姻自由和一夫一妻制是新婚姻制度的基础(中华全国妇女联合会妇女运动史研究室编 1991b:826)。1950年颁布的婚姻法反映了过去二十年在边区的试验,也拥护同样的原则。

同样,这些理想也构成了国民党法典的基础。民法典第九百七十二条通过要求男女双方自行订定婚约来维护婚姻自由。民法典第九百八十五条和1935年刑法的第二百三十七条以一夫一妻制原则为依据,分别规定了重婚的民事和刑事后果。而将离婚和继承的权利扩展到女子身上,表明了国民党对男女平等的承诺。

事实上,1943年颁布的《晋察冀边区婚姻条例》明确承认了国民党法律对中国共产党婚姻立法的影响。鉴于这些条例是在第二次统一战线(1937—1945)期间发布的,当时国民党和中国共产党联合起来对抗日本的侵略,因此中国共产党在这一时期有选择性地纳入国民党法律也就不足为奇了。其开篇写道,"本条例根据中

183

华民国民法亲属编之立法精神,适应边区具体环境制定之"(李忠芳等编 1984:92)。除了已经提到的条款,1943 年的婚姻条例还包含一些直接从国民党民法典中借鉴而来的条款,有些是一字不差的。例如,第五条重复了国民党民法典关于结婚应有公开之仪式及二人以上之证人的要求。① 然而,在国民党不要求结婚之人正式登记,也没有对婚书予以法律重视的情况下,中国共产党要求在当地村公所或县市政府婚姻登记部门进行登记、领取结婚证。国民党民法典和中国共产党婚姻条例的另一重叠之处是,夫妻双方互负同居之义务,有正当理由者除外。国民党和中国共产党在各自的法律中也都禁止因通奸而被判离婚或被刑事定罪的双方结婚。总的来说,国民党和中国共产党的婚姻立法走的是平行的道路,而不是不同的方向。

随着第二次统一战线从最初的合作在日本战败后恶化为内战,争夺军事和政治控制权的斗争改变了对婚姻改革的叙事。与《晋察冀边区婚姻条例》中公开承认和有选择地纳入国民党亲属编相反的是,1950 年婚姻法的讨论强调了国民党和中国共产党法律之间的差异,尽管它们共同承诺相同的法律原则。1950 年 4 月 14 日,中央人民政府法制委员会主任委员陈绍禹在向中央人民政府委员会第七次会议提交的《关于中华人民共和国婚姻法起草经过和起草理由的报告》中,将他所认为的中国共产党对这些理想的真正保证与国民党华而不实的空洞承诺进行了对比。陈绍禹认为,国民党的亲属法是在半封建半殖民地的社会中创制的;因此,国民

---

① 《山东省婚姻暂行条例》第九条也规定结婚须举行公开仪式才能被视为有效,但没有类似的见证人要求(中华全国妇女联合会妇女运动史研究室编 1991b:827)。

党支持的婚姻制度反映了封建主义和资本主义的结合(《中华人民共和国民法参考资料》1956:265)。他暗示,这导致国民党法律对纳妾等"一夫多妻"安排的容忍,暴露了国民党对一夫一妻制的承诺是虚假的。在中国共产党看来,国民党法律忽视了纳妾的婚姻性质,破坏了一夫一妻的制度。

与其质疑国民党对一夫一妻制的承诺,更周全的方法是比较国民党和中国共产党对一夫一妻制和纳妾之间关系的理解。双方虽然都支持一夫一妻制的原则,但各自以不同的方式将其应用于纳妾。国民党法律区分了一夫一妻制作为"一男一妇结为夫妻、互为配偶的制度"的字面含义和一夫一妻制作为夫妻忠诚的普遍理解。将纳妾作为通奸的处理表明国民党法学家认为只有后一种定义与纳妾有关。相比之下,中国共产党对一夫一妻制的理解模糊了其字面含义(一次只与一个人结婚)与引申含义(性忠诚)之间的区别。简而言之,中国共产党认为,所有的性活动都应限于夫妻之间。在这方面,纳妾为探索国民党和中国共产党的法律对一夫一妻制的不同解释提供了独一无二的机会。

国民党和中国共产党就一夫一妻制、重婚和通奸的法律定义达成了一致,但他们在纳妾与这些术语的关系上存在分歧。这一分歧源于他们对纳妾是否构成合法婚姻的矛盾看法。双方都反对清代将纳妾视为半婚的观点。然而,国民党法律朝着明确否认纳妾是婚姻的方向发展,而中国共产党走向了另一个方向,将纳妾重新定义为事实婚姻,并承认其在法律上有效。[①]

---

[①] 国民党法律明确否认事实婚姻的法律效力。国民党民法典第九百八十二条只承认在至少两人见证的公开仪式上庆祝的结合是合法婚姻。

无论他们的观点有什么分歧,关于20世纪妇女与法律的学术研究都认为婚姻和家庭改革是备受争议的话题。不论他们的重点是什么,过去的研究普遍指出,到20世纪30年代初,国民党和中国共产党都在各自的控制范围内颁布了婚姻法。尽管存在意识形态上的分歧,但两党在婚姻改革中找到了相同的关注点。因为国民党和中国共产党的立法者是在同一个社会文化矩阵中工作的,他们面对共同的问题,抨击同一个敌人:帝制晚期中国的"封建传统"。此外,过分强调以1949年为标志的政治权力转移,给人的印象是国民党和中国共产党的婚姻立法是按时间顺序而不是同步发展的。

诚然,国民党和中国共产党在纳妾问题上确实采取了截然不同的立场,这导致前者持续容忍纳妾,而后者使之逐渐消失。即便是对国民党法律最有利的观点也不得不承认,将纳妾视为通奸并没有有效终结中国大陆的这一习俗。① 即便是对中国共产党法律最为挑剔的解读,也不能否认20世纪50年代纳妾案件的减少;在1950年婚姻法颁布十年后,纳妾就不再是一个法律或社会问题。

## 纳妾作为重婚的法律建构

在整个20世纪20、30年代,国民党控制地区的一些妇女团体

---

① 1949年,国民党在大陆战败后迁往台湾地区,国民党法律最终终结了台湾地区的纳妾现象。当然,纳妾观念在台湾地区并不像在大陆那样根深蒂固,这可能部分解释了为什么国民党法律在消除台湾地区纳妾现象方面更有效。

和妇女杂志就认为纳妾等同于重婚,并积极向立法者请愿要求将纳妾纳入重婚法的规制(Tran 2011:110—112)。因此,早在中国共产党最早就纳妾问题立法之前(当然也早在1950年婚姻法颁布之前),与中国共产党没有政治关系的妇女团体就已经在向立法者施压,要求将纳妾视为重婚。国民党选择忽视这些公众诉求,而中国共产党认真对待这些要求。

中国共产党很早就明确表示要消除纳妾这一社会习俗。1930年关于妇女劳工运动的一项中央指示敦促群众"反对多妻、婢妾制度"(中华全国妇女联合妇女运动史研究室编 1991a:74;77)。该指示表达了中国共产党禁止纳妾、重婚等"恶劣风俗"的承诺。同年,湖南省工农兵苏维埃政府的一份布告谴责了纳妾等传统习俗(中华全国妇女联合会妇女运动史研究室编 1991a:100—101)。同样,湖北省妇女运动组织于1930年4月发布的一项决议草案中也包含了禁止重婚和纳妾的条款(中华全国妇女联合会妇女运动史研究室编 1991a:125)。

显然,中国共产党将纳妾作为消灭的目标,而且在1931年《中华苏维埃共和国婚姻条例》颁布之前,就已经将纳妾和重婚联系在一起。因此,尽管1931年的条例本身并没有具体提到纳妾,但中国共产党早期的指示和报告中暗示了纳妾和重婚之间的关系,并明确指出中国共产党禁止纳妾和重婚。因此,1931年条例的第二条"实行一夫一妻,禁止一夫多妻",就旨在涵盖纳妾等做法。后来的立法确认了这一点。1932年2月,中国共产党在湘赣边区建立的苏维埃政府颁布的婚姻条例,在谴责多妻制并宣布法律对一夫一妻制的承诺后,明确禁止纳妾。与国民党不同的是,中国共产党一

*187*

贯将禁止娶多个妻子与维护一夫一妻制的表态相结合,这证明了其将纳妾视为重婚。

随着1939年《陕甘宁边区婚姻条例》的颁布,纳妾以违反一夫一妻制为由被正式禁止(Meijer 1971:285 第3条)。此后不久,1942年首次颁布、1943年修订的《晋冀鲁豫边区婚姻暂行条例》将重婚和纳妾列为取缔对象(李忠芳等编 1984:87 第2条)。继其他边区的先例之后,1943年的《晋察冀边区婚姻条例》、1943年的《晋绥边区婚姻暂行条例》以及1945年的《山东省婚姻暂行条例》都禁止重婚、纳妾、蓄婢以及多妻多夫等习俗(李忠芳等编 1984:93 第3条;中华全国妇女联合会妇女运动史研究室编 1991b:660 第3条;中华全国妇女联合会妇女运动史研究室编 1991b:826 第2条)。

这一切都表明,早在1950年婚姻法颁布之前,中国共产党就已经考虑并确定了对纳妾的立场。20世纪20、30年代的公众舆论已经阐明纳妾和重婚之间的关系,中国共产党的早期立法反映了这一舆论。到20世纪40年代,纳妾和重婚的关系在中国共产党的活动范围内已被广泛接受。

1950年的婚姻法被中国共产党视为社会主义改造的革命工具,长期以来许多学者一直认为它标志着现代中国所谓家庭革命的开始。① 然而,1950年婚姻法远没有开启婚姻改革的潮流,反而是反映了几十年来在国民党控制的城市中心地区和中国共产党控制的农村根据地进行的试验。因此,1950年婚姻法更多的是一种象征,而非"家庭革命"的先锋,其目的是针对以儒家思想为基础的

---

① 参见 Diamant 2000b;Johnson 1983;Meijer 1971;Stacey 1983。

家长制和父系家庭结构。

1950年的婚姻法并没有引入基于新法律原则的"现代"婚姻制度,而是反映了来自中国共产党和国民党之前立法的启发。因此,婚姻法不是1949年后政治秩序的产物,而是1949年前法律思想的高潮。因此,在颁布新的婚姻法后出版的大量官方和半官方手册,应被视为对已经流传了几十年的思想的澄清和阐述。

其中一些手册是由法制委员会直接或者间接赞助的,该委员会与最高人民法院和司法部的各分支机构一起承担了司法院和最高法院在国民党法律下所发挥的许多作用。大多数手册出版于20世纪50年代初,特别是从婚姻法颁布的1950年到开展婚姻法运动的1953年。①

然而,在中华人民共和国成立之初,婚姻法在中国共产党议程上的排名即使不能与土地改革法相提并论,也只是略低而已。大量的婚姻法手册随处可见,价格低廉,这证明了新成立的政府在宣传新法律方面的一致努力。这些补充手册对中国共产党如何处理纳妾等具体问题提供了宝贵的见解。由于中国共产党将纳妾视为重婚是建立在将纳妾视为事实婚姻的基础上的,因此重要的是首先了解中国共产党是如何定义事实婚姻的,以及为什么它承认这种结合具有法律效力。

---

① 除了这些官方出版物,本研究还查阅了20世纪50年代的法律期刊和妇女杂志。由于中华人民共和国成立初期难以将国家话语与舆论分离,这些期刊被视为官方话语的延伸。

## 事实婚姻与同居的法律区别

为什么中国共产党将事实婚姻和其他形式的同居区分开来?为什么它在法律上只承认其中一些是婚姻,而不承认其他的?作为在婚姻法拥护的原则的基础上建立新婚姻家庭制度的努力的一部分,中国共产党强制要求夫妻登记结婚。负责发放结婚证的地方官员负责核实拟议的结婚是否符合婚姻法。例如,任何似乎是纳妾、买卖婚姻、童婚或包办婚姻的结合都需要进一步调查,如果得到证实,则将被拒绝登记。这样,就可以防止那些"封建"做法再次发生。

因此,根据法律条文,只有在政府部门正式登记并持有官方结婚证的婚姻才被视为合法婚姻。国民党在对婚姻的法律定义中,特别重视婚礼仪式,而新成立的中国共产党政府试图将结婚登记作为合法婚姻的唯一依据。

然而,现实与理想相去甚远。虽然人们向当地政府报告其婚姻状况是户籍登记的一部分,但这通常是在婚礼后做的。正如参与结婚登记的各个国家机关的大量报告所抱怨的那样,人们普遍忽略了他们登记结婚的新义务(Diamant 2001)。当没有登记结婚的夫妇后来向法院寻求离婚时,法官们发现他们面对的是被社会视为婚姻,但在法律上并不属于婚姻的结合的情况。法院如何处理这种情况下的离婚诉讼?针对这一问题和其他问题,法制委员会于1953年3月印发了一本小册子,讨论了婚姻法运动期间的常

见问题。关于这个问题,委员会解释说:

> 婚姻法施行后,婚姻登记机关已建立而不去登记结婚是不应该的。对事实上已结婚而仅欠缺结婚登记手续者,仍认为是夫妻关系。(何兰阶和鲁明健主编 1993,下册:55)

因此,中国共产党对事实婚姻的定义是,除了在政府部门正式登记,在所有其他方面都构成婚姻。

给予这种结合如婚姻一样的法律效力是一种临时举措。由于结婚登记制度仍处于起步阶段,更不必说还缺乏民众的合作,所以断然拒绝对未经正式登记的结合给予法律承认是不可行的。然而,如果将给予事实婚姻法律效力的政策永久化,又将破坏结婚登记制度的完整性。更不用说,如果继续赋予纳妾等事实婚姻以法律效力,则将破坏婚姻法旨在消除纳妾等"封建"习俗的全部目的。

新中国的法学家们暂时承认了社会认为是婚姻的结合,即使法律要求没有得到满足。正如一位当代学者所解释的那样:

> 在五十年代,由于刚刚废除封建主义的婚姻制度,人们对于实行结婚登记制度还很不习惯,需要有一个宣传、教育以使人们认识、理解和自觉接受的过程。因此,当时承认事实婚姻是有其实际需要的。(何兰阶和鲁明健主编 1993,下册:55)

由于新中国的法学家们将事实婚姻定义为类似婚姻但未向政府登记的结合,因此可以预期,一旦人们习惯了登记结婚,事实婚姻就会消失。

将纳妾归类于事实婚姻,并赋予这种婚姻以法律地位,有可能不可逆转地打开潘多拉魔盒的盖子。事实婚姻不需要任何法律手续,要证明其存在,只需要证明婚姻关系,但这些关系不是由法律定义的,而是由其接近婚姻的社会现实的程度来定义的。然而,婚姻的范畴真的扩大到包括任何男女同居的生活安排吗?还是事实婚姻的范畴,以及因此在法律上被承认为婚姻的范畴更为有限?

在早期,中国共产党没有区分事实婚姻和单纯的同居,认为两者都是婚姻。1934年修订的《中华苏维埃共和国婚姻法》第九条规定:"凡男女实行同居者,不论登记与否均以结婚论。"(李忠芳等编 1984:84)对结婚登记的提及表明了中国共产党的长期目标,即把登记作为有效婚姻的法律要求。与此同时,法律将承认这对男女以夫妻身份同居的任何结合都是婚姻。

根据这一定义,任何类似婚姻的结合都可以在法律上被承认为婚姻。这种对婚姻的自由定义导致一些观察家得出结论,所有形式的同居都将被视为合法婚姻。在1950年出版的一卷关于离婚案例的讨论中,孟庆树评论道:"实际上离婚与脱离姘度、脱离同居并没有本质上的区别。"(孟庆树 1950:79)但是,这里有一个重要的法律区别,即离婚需要法庭诉讼。而在同居的情况下,这对男女可以简单地结束他们的关系。

当然,婚姻的解除是否需要法庭干预,取决于这种结合在法律上是否构成婚姻。在对早先在江西采取的立场的修订中,中国共产党不再认为同居是婚姻的唯一标准。婚姻法颁布几天后,重庆的《新华日报》发表了一篇文章,将那些"不正式结婚"的结合描述为"不正当的非法关系"(王迺聪编 1951:97)。这篇文章暗示,当没有完成与结婚相关的仪式时,婚姻是"不正式的";在这种情况下,这对男女只是同居。由于同居本身并不能使结合成为合法的婚姻,因此双方可以随时脱离关系,不需要任何特殊手续。

这是上海市人民法院在 1949 年调解的一桩案件中所持的立场,该案涉及安徽人许某与其情妇冯某长达五年的同居关系。这段关系之所以引起法院的注意,是因为该男子的妻子,一名杨姓的苏州人提起诉讼要求与其结婚十三年的丈夫脱离与情妇的关系,并与她永久同居(中央人民政府法制委员会编 1950:128—129)。在详述的调解结果中,法院使用了"脱离姘居关系"一词来描述许某与情妇的分开。"姘居"一词也可指以夫妻身份非法同居,但它在法律上的重要性不及"事实婚姻"一词。事实上,法院使用"姘居"来强调许某与其情妇关系的不正当性,表明法院不赞成这种生活方式,更不用说其非法性质了。

在 1950 年长春市人民法院审理的一起案件中,事实婚姻与同居之间的法律区别更为模糊。在本案中,是妻子而不是丈夫开始公开与另一名男子同居。这位张姓妻子作证说,她是在丈夫司某①抛弃她后才开始与冯姓男子同居的。现在她的丈夫回来了,但该女子希望留在冯某身边,她把冯某看作她的丈夫。她请求法院判决她与第一任丈夫司某离婚。与之前案件中上海市人民法院将许某与情妇的关系定性为"姘居"不同,长春市人民法院在本案中将张某与冯某的关系定性为"婚姻关系"。由于案件摘要中缺乏细

---

① 译者注:英文原著没有给出本案出处,无法核实姓名,故采音译。

节,法院表面上接受张某与冯某"结婚"的法律依据未能得到解答。然而,法院的措辞确实表明,它愿意在法律上承认某些形式的同居为事实婚姻。

这些法庭案件,再加上媒体对人们非正式结婚的报道,引出了这样一个问题,即事实婚姻和同居之间的法律区别在社会现实中有多么明显。由于认定事实婚姻的法律标准在很大程度上取决于这对夫妇如何看待他们的关系以及社会如何看待这种关系,因此他们可以辩称,由于他们是作为夫妻同居,所以他们的结合构成事实婚姻而不是非法同居。然而,司法解释表明,法律区分了各种形式的同居,只承认那些符合事实婚姻标准的结合为合法婚姻。

事实婚姻最明确的定义之一出现在 20 世纪 50 年代中期关于重婚的讨论中。昆明市铁路运输法院、甘肃省高级人民法院和北京市高级人民法院分别致函最高人民法院,要求澄清法律对重婚的定义。1958 年,最高人民法院作出回应,详细列举了事实婚姻和姘居关系之间的区别。事实婚姻的特点是男女之间的永久关系,他们将彼此视为夫妻,并被社会视为夫妻。另一方面,姘居形容的是姘头在一段固定时间内的暂时同居。法院被指示仔细审查所涉关系的性质,以确定其是否符合事实婚姻或姘居关系的法律标准。最高人民法院提醒说,不要将已婚者任何形式的姘居视为重婚;虽然它们可能构成其他危害婚姻和家庭的罪行(通奸),但不能以重婚罪起诉它们。为了说明其观点,最高法院举了一名已婚男子的例子,他由于长期去远方出差,与另一名女子建立了短期的同居关系。他们两人都明白,这只是一段短暂的风流韵事,一旦该男子的生意结束,他将回到妻子身边,再也不会与情妇联系。因此,法院的结论是,本案中的男子只能被认为犯了通奸罪,而不能被视为犯了重婚罪(《中华人民共和国婚姻法资料选编》1983:267—268)。

所有这些都表明,事实婚姻和同居之间存在着细微的差别,前者被法律承认为婚姻,而后者没有。法律对两者的区别对待,从使用两个不同的术语就可见一斑。① 国民党法律使用了相同的术语,但没有对两者进行法律上的区分;它剥夺了这两种结合作为婚姻的法律效力。相比之下,中国共产党的法律赋予了事实婚姻以法律效力,并将纳妾纳入这一范畴,这使得男子与妾的关系容易受到针对重婚的民事和刑事制裁。

## 作为事实婚姻的纳妾

虽然婚姻法本身的文本,以及解释该法律的官方手册继续使用两个不同的术语来指代纳妾和重婚,但在法律实践中,法学家们并没有区分这两者,并且将纳妾案件视为重婚。在1951年的婚姻法手册中,王迺聪解释了新法中重婚与纳妾的关系:

> 重婚与纳妾在实质上都是重婚。但是反动政府却把重婚与纳妾区别为两件事情:把经过结婚仪式的婚姻说是重婚(即前婚姻关系未消灭而又经过结婚仪式的婚姻);不经结婚仪式的说是纳妾,这种形式的看问题是极其错误的。新婚姻法是

---

① 证明法院如何处理姘居和重婚的案件,参见中央人民政府法制委员会编 1950:118—121;128—129。

严格实行一夫一妻制的。(王迺聪编 1951:27)

正如王迺聪所指出的,以及第六章和第七章所显示的,在国民党法律中,重婚和纳妾之间的法律区别在于婚礼仪式是否举行;有证据就意味着当事人将以重婚罪被起诉,没有证据则意味着纳妾将被容忍。王迺聪认为国民党基于仪式对重婚和纳妾的区分是错误的,他认为纳妾的定义构成了合法婚姻,因此属于重婚法的管辖范围。他在回答有关妾的继承权的问题时,评论道:"虽没举行结婚仪式,而实际上已成为'事实的婚姻'。"(王迺聪编 1951:28)①

因此,中国共产党法律中重要的是婚姻关系的社会现实,而不是国民党对婚姻定义的法律形式主义特征。实际上,妾与收买她的男人之间的关系和妻子与丈夫的关系没有什么不同,他们像夫妻一样同居。妾,如同妻子一样,有义务和该男子共度余生;她为他操持家务,与他发生性关系,并生下他的孩子。因此,在王迺聪看来,国民党法律思维的错误就在于否认妾的婚姻状况。国民党法学家将纳妾置于重婚法之外,从而允许了男子与一名以上的女子享有婚姻关系,这违反了一夫一妻制的原则,即使在法律理论上没有,在社会现实中也是如此。

司法解释确认了王迺聪关于纳妾是合法有效婚姻的解释。1952 年,最高人民法院西南分院在解释如何处理妾的离婚请求时也做出了类似的声明。法院解释说:

---

① 关于事实婚姻被法律承认为婚姻,参见周家清 1964。

> 男女双方只要以永久共同生活为目的而同居者,不问其有无举行结婚仪式均应视为婚姻关系。从而"妾"提出与其夫离婚,即应依照离婚处理,不应仅视为脱离同居关系。(《中华人民共和国民法资料汇编》1954,2:351)

最高人民法院1958年的一份司法意见也认为纳妾是重婚,因为它在社会现实中与婚姻相似:

> 重婚是有配偶的人再与第三者建立夫妻关系。有配偶的人和第三者如已举行结婚仪式,这固然足以构成重婚;即使没有举行结婚仪式,而两人确是以夫妻关系同居的,也足以构成重婚。例如两人相互间是以夫妻身份相对待,对外也以夫妻自居的,即应认为是重婚,如果现在还有有配偶的人而娶"妾"的话,当然也应认为是重婚。(《中华人民共和国婚姻法资料选编》1983:267)

新中国的法学家将纳妾认定为重婚,这与国民党立法者的意见形成了鲜明对比。虽然双方都承认纳妾的婚姻特征,并使用类似的语言来描述男子与其妾的关系,但他们得出了截然不同的结论。1952年声明中的"以永久共同生活为目的"一字不差地重复了国民党对纳妾的法律解释。二者一致认为,纳妾是一对男女像夫妻一样同居的长期关系。他们的分歧在于对这种关系的法律定义,正是这种分歧解释了两者对纳妾的不同法律处理。国民党法律明确拒绝承认这种结合是婚姻,因此,尽管在民法典颁布后,国民党法学家承认纳妾确实构成通奸,但他们并不认为纳妾违反了重婚法。相比之下,新中国的法学家将纳妾认定为事实婚姻(他们承认其在法律上有效),这意味着纳妾现在在法律上构成了重婚。

# 第九章 法律实用主义下的纳妾案件处理

毫不奇怪,中国共产党将纳妾归类为重婚,引发了一系列关于如何将重婚法律适用于有妾家庭的问题。中国共产党对这些问题的回答在某些方面反映了国民党法律对纳妾案件的处理。与国民党一样,中国共产党希望在禁止纳妾的同时保护妾。此外,正如国民党法典建立在民国早期法学家的工作基础上一样,1950年的婚姻法也反映了江西苏维埃政府和边区的婚姻立法试验,而这些试验反过来又受到民国早期和国民党法律的影响。与国民党法律一样,中国共产党的法律反映了一种意愿,即在为起诉新案件创造法律途径的同时,使已有的纳妾案件保持原样。

对于已有的案件,中国共产党的政策扮演了被动的角色,重点是将离婚和赡养费的权利扩展到全国的妻子和妾的身上。在20世纪40年代初,中国共产党控制下的许多地区已经这样做了。例如,1942年的《晋冀鲁豫边区婚姻暂行条例施行细则》规定,在条例施行前所纳之妾有权要求离婚和生活费用(刘素萍主编 1989:38)。

随着1950年婚姻法的颁布，中国共产党将其推广到了全国各地。在中国各地，希望离开多妻家庭的妻和妾现在有了法律手段，并可以通过婚姻法关于离婚和赡养费的规定继续获得经济扶养。丈夫也可以与妻子和妾离婚，尽管丈夫提起的诉讼有不同的处理方式。然而，如果没有提出正式请求，法律就会对已有的纳妾案件视而不见。

然而，对于新的案件，中国共产党采取了更为积极的做法，依靠其新近建立的机构来阻止新的纳妾案件蔓延。作为一项预防措施，结婚登记制度首先就是为了阻止纳妾的发生。在20世纪50年代初，从结婚登记制度中蒙混过关的纳妾案件既简单又常见，在新成立的法院中可以被起诉为重婚。就像在已有的案件中一样，离婚是应请求而判决的。总而言之，中国共产党的双重政策是，如果无人提出控告，就不追究已有的纳妾案件，但对新出现的纳妾案件要以重婚罪起诉。

## 已有的纳妾案件

民国时期，在许多方面，国民党和中国共产党的法律以大致相同的方式处理已有的纳妾案件。只要当事各方（妻、妾和丈夫）不寻求法律途径来结束纳妾，两党就都能容忍纳妾。双方都通过其民事部门处理纳妾问题，为妻子和妾提供脱离关系和起诉要求扶养的法律手段。而且双方都使已有的纳妾案件免受现在附加于纳妾的新的刑事制裁。

鉴于他们的立法方法不同,二者当然也存在一些差异。国民党对成文法的特别重视,使立法者在将纳妾定为犯罪的法律生效之前就通过了保护现有纳妾安排的立法。第三章讨论的刑法施行法的第九条就是出于这一目的。相比之下,中国共产党在立法上的务实态度使其在发现颁布婚姻法还为时过早时,就修改了区分已有和新的纳妾案件的时间线。1953年整个三月的婚姻法宣传运动成为新的分界线。作为对社会现实的进一步让步,中国共产党还区分了婚姻法运动已经取得成效的地区和需要进行更多宣传的地区;1953年的最后期限只适用于前者。因此,根据中国共产党的法律,界定"新的"纳妾案件的日期是根据现有的社会条件不断修订的。国民党法官倾向于将现实世界置于他们所建立的法律体系中,而中国共产党的法官根据社会环境的变化修改其法律。

## 以婚姻法为基准

20世纪50年代初颁布的立法和司法法令一致表明,中国共产党对于1950年5月1日婚姻法施行前的纳妾案件采取"不告不理"的政策。只有当妻子或妾提出离婚时,法院才会干预纳妾;否则,法律将视而不见。与新的纳妾案件不同,已有的案件不会被以重婚罪起诉;法律的立场是同情而不是惩罚。1950年出版的《云南省人民法院司法工作手册》解释了"不告不理"政策的基本原理:

> 重婚现象是以男性为中心的封建主义婚姻制度的产物,它将随着社会经济的变革和人民觉悟的提高而逐渐获得合理

的解决。因此对"婚姻法"施行前的重婚不采取积极干涉的态度。一方面对已有觉悟的男女(特别是妇女),所提出的离婚或其他合法要求,予以保护,使其早日解脱痛苦,在这种情况下,对于重婚一点,可不科刑。(《中国婚姻法资料汇编(内部参考)》1981:7)

该政策尽管没有特别提到纳妾,但提到重婚是"以男性为中心的封建主义婚姻制度"的产物,应该也包括纳妾。

纳妾虽然现在被认为是犯罪,但如果发生在1950年婚姻法施行前,就不会被作为重婚起诉。云南省人民法院认为,社会经济变革和教育,而不是严厉的法律的训诫,应该成为逐步根除纳妾等传统习俗的主要手段。因此,云南省人民法院认为现有的纳妾案件无须向当局报告。只有在提出请求且在逐案处理的基础上,法院才会强制离婚,并对该男子进行批评和教育(《中国婚姻法资料汇编(内部参考)》1981:7)。

同样,司法部在1952年的一份解释中间接提到了纳妾,该解释称:"在婚姻法施行前的重婚现象,是由于旧社会不合理的婚姻制度所造成的。"(刘素萍主编 1989:199)司法部虽然没有指名道姓地提到纳妾,但使用了"大"和"小"来描述男子的多个妻子,这清楚地表明它是在谈论纳妾。司法部确认了"不告不理"的政策,宣称国家在一般情况下不会任意干涉已有的案件;只有接到请求,法院才会调解离婚。

云南省人民法院和司法部将现有的纳妾案件归因于"封建婚姻制度"和"旧社会",他们对纳妾的描述与国民党法学家的看法大致相同。国民党和中国共产党都将纳妾的存在归因于不再相关的过去,并都表示相信时间会使其消亡。

## 以婚姻法运动为基准

中国共产党意识到,不可能通过法律手段一举抹去长久以来的"封建"思想,于是在 1953 年 3 月发起了婚姻法运动。这场运动主要是在农村宣传婚姻法,其主要目的是纠正民众对法律的误解,并对农村群众进行新法律的教育。1953 年 2 月政务院发布的《关于贯彻婚姻法的指示》阐明了这场运动的目标:

> 既然婚姻制度的改革是人民内部的思想斗争,那么,贯彻婚姻法的首要工作就必须是在广大干部和群众中进行宣传教育,树立对婚姻法的正确认识,在思想上割清封建主义婚姻制度与新民主主义婚姻制度的界限……
> 全国各地,除少数民族地区及尚未完成土地改革的地区外,无论城市或农村,均应以一九五三年三月作为宣传贯彻婚姻法的运动月。在这个月内,必须充分发动男女群众,特别是妇女群众,展开一个声势浩大、规模壮阔的群众运动,务使婚姻法家喻户晓,深入人心,发生移风易俗的伟大作用。(Meijer 1971:304—305)

婚姻法运动以这些豪言壮语为开场,旨在启动思想和实践的全面变革。这场运动体现了中国共产党早期的激进主义和革命热情,反映了社会和文化变革的动力和工具必须来自上层的信念。婚姻法的颁布是社会转型的第一步;随后的宣传运动是为了传播和深化这一进程。

最终,这场运动的日期取代了婚姻法的施行,成为决定中国共产党如何处理新的纳妾和重婚案件的分界线。1953年末,法制委员会宣布,在婚姻法运动之前发生的重婚和纳妾案件属于"不告不理"的政策范畴,该政策以前只适用于婚姻法施行之前的案件(《中华人民共和国婚姻法资料选编》1983:263—264)。如果妾、妻或丈夫起诉离婚,那么法院将对该案作出裁决;否则,中国共产党对已知的重婚和纳妾案件所采取的制裁措施只能是批评和教育。

"不告不理"的政策也适用于未纳入婚姻法运动的地区。宣布开展这项运动的指示(上文所引述)明确排除了尚未进行土地改革的地区,以及少数民族地区。这些地区也将开始宣传活动,内容与全国运动相似,但范围较小。同时,这些地区的纳妾和重婚案件也能被容忍,除非其中一方起诉离婚(《中华人民共和国婚姻法资料选编》1983:263—264)。即使是在那些被纳入婚姻法运动的地区,已有的和新的纳妾案件之间的界限也不是一成不变的。最高人民法院西南分院建议将1953年的婚姻法运动作为总的指导方针(国务院法制办公室 1953)。与国民党法官严格遵守成文法规定的时间轴不同,中国共产党的法官根据每个案件的具体情况来确定时间轴。

## 新的纳妾案件

由于最近实行的结婚登记制度旨在从一开始就阻止违反婚姻法的结合,因此理论上不应该再出现任何新的纳妾案件(van der Valk 1957:354—355)。然而,正如政策文件、内部备忘录和抱怨人们不进行结婚登记的新闻报道所表明的那样,登记并不是一个有效的检查站。知道结婚登记的新要求的男子更不可能向政府报告他与妾的结合。虽然纳妾与婚姻之间的相似性使中国共产党将纳妾定义为重婚,但社会仍然认同帝制晚期的观点,即妾是小的(但从未合法的)妻子。因此,纳妾的男子不会想到他需要将与妾的结合登记为合法婚姻。此外,如果男子知道婚姻法现在以纳妾构成重婚为由禁止纳妾,那么他就更不愿意登记与妾的结合了。因此,纳妾的男子只要不通知国家,就可以轻易地规避法律。

由于法院系统负责执行婚姻法的规定,因此当有人提起诉讼时,新的纳妾行为就会引起国家的注意。① 最高人民法院西南分院于1952年发布了一项意见,概述了涉及妾的案件的处理程序(刘素萍主编 1989:223)。就像已有的案件一样,如果妾提起离婚诉讼,法院就会批准。据推测,这也适用于妻子,正如下文讨论的离婚诉讼所表明的那样。虽然民法对不论何时发生的纳妾案件都一视同仁,但新的纳妾案件在刑事法庭也要被"依法惩处"(《中华人

---

① 到20世纪50年代中期,四级法院体系已经形成;最高一级是最高人民法院,其次分别是高级人民法院、中级人民法院和基层人民法院(Peerenboom 2002:44)。

民共和国婚姻法资料选编》1983:263—264)。然而,婚姻法并没有规定对纳妾的具体处罚。① 中国共产党倾向于在个案基础上作出裁决,而不是制定一项标准政策。

因此,男子与其妾的关系是否被视为重婚而受到惩罚,取决于它落在时间轴的哪一边。这就是1950年8月6日《青岛日报》报道的一起案件的症结所在。当时,法官把婚姻法的施行作为已有的纳妾案件和新的纳妾案件之间的分界线。这起案件涉及一名叫郑兴起的男子,他已经有一妻一妾。但他决定还要娶另一名叫季忠寿的女子。虽然报告称她为"妻"而不是"妾",但郑兴起已经有一位妾的事实强烈地表明,他是纳季忠寿为第二个妾。② 就郑兴起而言,他与季忠寿的关系与他在婚姻法施行前纳的第一位妾的关系没什么不同。然而,从法律的角度来看,这种差异意味着一者被容忍,一者被起诉。青岛市人民法院进行调查后,于8月1日判处这对男女犯有重婚罪。郑兴起因故意违反婚姻法被判处一年有期徒刑,而该女子因故意重婚被从轻判处有期徒刑半年。就连媒人也因促成这段关系而被判有期徒刑四个月(王迺聪编 1951:21—22)。

除了典型案例,中国共产党在报纸和杂志上对婚姻法实施问题的答复也让我们得以一窥中国共产党如何处理新的纳妾案件。在1950年9月9日的《甘肃日报》上,一位周姓村民介绍了以下

---

① 重婚案件的判决表明,对重婚罪的最高刑罚是两年有期徒刑。由于这些案件并不涉及妾,因此尚不清楚这是否适用于纳妾案件(最高人民法院研究室编 1994:624)。
② 季忠寿被称为"妻"也可能是中国共产党法律将纳妾认定为重婚的结果,从而使妻和妾之间的区分变得无关紧要。

## 第九章 法律实用主义下的纳妾案件处理

情况:

> 某村有一男子,结婚已十五年,至今膝下无子。解放后得老婆同意,另外娶了一小老婆,三人同居,感情十分融洽。按婚姻法应离去一个,但大小老婆异口同声坚决死也不离,应如何处理?(王迺聪编 1951:19—20)

作为回应,中国共产党提出了离婚和起诉重婚的建议。报纸上刊登的回复称,"如当事人因婚姻发生纠纷,起诉人民法院",则应准予离婚。值得注意的是,离婚的建议取决于丈夫、妻子或妾的要求。根据周姓村民的说法,由于在此案中,双方关系"十分融洽",所以没有人会提出离婚。此外,法院的答复是"当事人依实际情形以重婚论罪,予以法律制裁",这表明中国共产党将其归类为新的纳妾案件。这意味着该案将被作为重婚审判。然而,由于强调具体的"实际情形",而没有解释"法律制裁"意味着什么,这就产生了一个问题,即当局在起诉新的纳妾案件时应如何积极主动。中国共产党没有采取标准的政策,而是倾向于在个案基础上处理案件,并根据每个案件的独特事实作出裁决。

由于无法查阅 1949 年以后的刑事法庭案件记录,因此很难评估中国共产党的法律在以重婚起诉纳妾案件中的作用。在大多数情况下,与纳妾有关的法律文件和媒体对涉及妾的法庭案件报道都集中在民法上。这是否反映了中国共产党法律倾向于通过其民事部门而非刑事部门(很像国民党)来处理纳妾问题?这个问题必须等到档案馆开放 1949 年后的案件记录后才能解决。

## 离婚

婚姻法第十七条允许双方自愿离婚,因此原则上,只要双方都同意,妻或妾可以与丈夫离婚,丈夫也可以与妻或妾离婚。然而,当只有一方想离婚时,法律要求由区政府调解这对夫妇的案件。如果失败了,村里或工作单位将介入,努力使这对夫妇和解(Huang 2010:90)。如果感情仍然没有改变,这对夫妇会被带到区或县法院,由法院第三次尝试调解这对夫妇的分歧。只有在社区调解和两次国家监督下的和解失败后,法院才会对离婚诉讼作出裁决。如果双方都同意离婚,那么法院就会判决离婚。如果一方继续对离婚提出异议,那么法院要求在作出离婚判决之前,必须证明有正当理由。

然而,婚姻法并没有明确规定什么是正当理由。1952年,西北军政委员会司法部在《群众日报》5月24日发表的一篇关于离婚的文章中提到了这一问题。西北军政委员会司法部没有列出可被视为正当理由的具体条件,而是选择确定哪些不构成正当理由。其中包括妻子不生育、无操作能力、双目失明、是傻子有疯病。然而,在审查了这些建议后,司法部裁定,一方已成傻子或有了疯病可以被视为离婚的正当理由。该部的理由是"如一方已成傻子或有了疯病,即属于精神病患者。依照婚姻法的规定,精神病患者是禁止结婚的"(刘素萍主编 1989:199—200)。虽然婚姻法本身没有列举离婚的具体理由,但官员们将其关于禁止何种类型的结合的规定解释为离婚的正当理由。根据这一推理,因为婚姻法禁止纳妾,所以纳妾就构成了离婚的法律理由。

国民党法律也要求证明正当理由,但它有不同的含义。国民党民法典对结婚的定义反映了对婚姻关系的契约理解。一方配偶违反该契约,使受害方有权提起离婚诉讼。在这种情况下,正当理由意味着解除婚姻契约的法律依据。这些理由仅限于十项:重婚者、与人通奸者、夫妻之一方受他方不堪同居之虐待者、妻对于夫之直系尊亲属为虐待或受夫之直系尊亲属之虐待致不堪为共同生活者、夫妻之一方以恶意遗弃他方在继续状态中者、夫妻之一方意图杀害他方者、有不治之恶疾者、有重大不治之精神病者、生死不明已逾三年者、被处三年以上之徒刑或因犯不名誉之罪被处徒刑者(第一千零五十二条)。在决定是否准予离婚时,国民党法官会查阅民法典,看看手头的案件是否符合列出的十个理由中的任何一个。

与国民党法律的形式主义性质(反映在其对成文法的依赖上)形成鲜明对比的是,中国共产党法律的实用主义性质使法官将其裁决建立在对决裂夫妇"感情"的评估之上。感情在中国共产党处理离婚诉讼中的中心地位最早出现在1940年代的边区,并影响了法官对婚姻法中离婚条款的解释(Huang 2010:116—118)。当适用于涉及妾的离婚案件时,感情的强弱比正当理由的要求起着更具决定性的作用。因此,中国共产党法官面临的核心问题是应该解除哪一段婚姻:是与妻的婚姻,还是与妾的婚姻?根据中国共产党的法律,离婚判决是根据对男子与其妻和妾关系中的感情的评估作出的,而不是根据提起离婚诉讼的人的意愿。

离婚统计数据虽然不完整,而且是区域性的,但已经表明多妻的家庭中确实有一些妇女提出离婚。中国共产党早期的婚姻立法已经禁止重婚和纳妾,并将其作为离婚的理由。因此,华北解放区58个县在1945年4至5月办结的271个案件中,有94起是重婚案件,使重婚成为所处理的婚姻案件中最常见的类别。① 1950年1月和2月在上海和天津提起诉讼的226起离婚案件中,有49起涉及男子的重婚、纳妾和通奸。② 另一个案件较多的类别是涉及男方及其亲属虐待女方的案件,共有54起(孟庆树 1950:80—81)。重庆市人民法院的统计数据也说明了类似的情况。在该法院1950年审理的1596起离婚案件中,有382起涉及重婚或通奸,几乎占该年法院受理的所有离婚案件的1/4,使其成为第二大被援用的理由(刘世杰和刘亚林 1998:13)。不出所料,在这类案件中,原告中女性的人数超过了男性,比例为4∶1。根据上海市妇联的统计,1951年10月,重婚和纳妾是离婚的首要原因,占所有离婚案件的25%(上海第一特区地方法院 C31-2-60)。这些统计数据反映了中国共产党允许自由离婚的政策,特别是对涉及多妻的案件。

## 由妾或妻提出的离婚

即使在婚姻法施行之前,如果妻或妾提出离婚要求,法院也会相当自由地裁决支持离婚。在1949年的一起案件中,北京市人民

---

① 通奸案排在第二位,有50起。其他案件包括伤害案43起、虐待自杀案23起,以及杀人案10起。未给出其他类别(孟庆树 1950:78)。
② 14起案件涉及女方的重婚和通奸(孟庆树 1950:81)。

第九章　法律实用主义下的纳妾案件处理

法院批准了 23 岁的张姓女子与她的丈夫郝姓男子离婚的请求(中央人民政府法制委员会编 1950:117)。该女子直到婚礼结束后才发现郝姓男子已有妻子。显然,她不愿意留在这个家里做妾,于 1945 年离家出走,最终在北京落脚,并于 1949 年提出离婚。在收到河北的县政府调查郝姓男子家庭情况的报告后,该女子的指控得到证实,法院以重婚为由批准了她的离婚请求。

在全国各地散发的许多婚姻法手册中,法制委员会在其中一本里详细阐述了纳妾案件中离婚的权利:

> 依"婚姻法"规定,婚姻是一夫一妻制的。至于"婚姻法"施行前的重婚、纳妾,是旧社会遗留下来的问题,是否离婚,要看女方(妻、妾)要求来决定。如女方提出离婚,人民法院应依法准许其请求。如果女方没有这样的要求,就仍应让她们保持原来共同生活的关系。男方提出离婚时,人民法院可根据保护妇女和子女利益的精神,结合具体情况处理之。(《中华人民共和国民法参考资料》1956—1957,第三分册:576)

因之可见,如何处理离婚诉讼,取决于是谁提起的诉讼。对妻或妾的请求要"依法"处理,这意味着婚姻关系将以重婚为由被解除。然而,如果是男子提出类似的请求,那么法院就不会诉诸法律,而是诉诸案件的"具体情况"。离婚是否会被批准取决于法院对该男子与其妻和妾关系的评估,下一节将对此进行说明。法制委员会发布的手册几乎没有就如何实际处理涉及妾的离婚案件提供实用建议,而是让地方法院自行决定如何将这些一般原则应用于个别案件。

鉴于法院享有将婚姻法精神适用于个别案件的自由,一些法院最终创制了自己的规则也就不足为奇了。1951年,贵州省高级人民法院以多妻家庭中的妻或妾起诉离婚无须提供其他理由为前提作出了一项判决(刘世杰和刘亚林1998:68)。法院暗示,她不愿意继续保持这种关系就是充分的理由。这在许多方面类似国民党处理妾与家长之间脱离关系的方法。国民党法律也没有要求妾证明有正当理由,只要她拒绝做妾就行了。然而,同样的情况并不适用于妻。根据国民党法律,妻子和丈夫一样,只能根据民法典中列出的十项理由要求离婚。

虽然中国共产党的"不告不理"政策意味着它不会干涉现有的纳妾,但它确实积极鼓励妾提起控告,特别是在中华人民共和国成立初期。在1951年重庆的一个案件中,一名郑姓的妾参加了重庆市人民法院举办的关于婚姻法的"司法展览会"(刘世杰和刘亚林1998:9)。根据案件摘要,她从这次经历中对她与72岁的张某的婚姻有了新的认识,并且越来越不满,张某在1944年她才14岁时就将她纳为妾。在初次了解到婚姻法能够如何帮助她的两个月后,该妾向重庆市人民法院提起离婚诉讼,法院调解达成了离婚协议。

因此从表面上看,希望离婚的妻和妾只要向当地法院提起诉讼就可以了。即使丈夫反对,法院也会批准她的请求。如果丈夫拒绝接受法院的判决,他可以提出上诉。1953年,最高人民法院在答复有关纳妾和重婚案件的一系列法律问题时解释说,如果夫妻双方在上诉过程中和好,并到法院记明其和解或调解结果,那么原法院的离婚判决将不再发生法律效力(国务院法制办公室1953)。① 实际上,只要各方同意,最高人民法院对显然是多妻的家庭就不作任何处理。

## 妻诉妾

女子的离婚请求虽然更容易获得法院的批准,但并不总是能取得理想的结果。也许最让法官震惊的场景是妻子向法院提起诉讼,要求丈夫与妾离婚。在这种情况下,法院需要平衡各方相互冲突的目标和利益。根据广东省、贵州省和四川省高级人民法院的集体经验,普遍的共识似乎是对最不可能成功的婚姻判决离婚。法院概述了在妻子要求丈夫和妾离婚的情况下应遵循的一般政策。基本假设是丈夫和妾都不想离婚。如果法院认为该男子与妻子的关系仍然可以挽救,那么法院应该判决该男子与妾离婚。然而,如果该男子显然对其妾有更强烈的情感依恋,那么法院应该裁决支持该男子与妻子离婚。如果妻子对判决提出异议,法院应教育她有关婚姻法的知识,并说服她接受法院的判决。②

法院作出这一决定的潜在理由是基于这样一种假设,即当男子明显更喜欢妾时,强迫他与妻子保持婚姻关系只会使他们的关系更加紧张,这对夫妇很可能会为了他们自己的婚姻再次走上法

---

① 最高人民法院使用"和解"和"调解"这两个术语,表明当地官员参与了促成这对夫妇和解的工作。黄宗智在对中国离婚案件处理的解释中,概述了法官为实现"调解和好"所采取的众多步骤(Huang 2010:92—93)。
② 这里没有提到如果妾对法院判决其离婚提出异议会发生什么。据推测,她也会被说服接受法院的裁决。

庭。法院认为,与其拖延这一不可避免的事情,不如让该男子与他不再需要的妻子离婚,而不是强迫他与更喜欢的妾离婚,这对各方都好。贵州省高级人民法院增加了一项但书,即如果在提起离婚诉讼时,妾已经怀孕,则法院不得判决该男子与妾离婚(刘世杰和刘亚林 1998:68)。婚姻法第十八条禁止丈夫与怀孕的妻子离婚,贵州省高级人民法院将这一保护扩大到了怀孕的妾。

1950 年发生在四川省的一个案件体现了法院对此类案件的裁决方式,川北人民法院对该离婚诉讼的处理被赞誉为"合法、合情、合理"(何兰阶和鲁明健主编 1993,下册:51)。这起案件涉及一名来自南充的小商人张华书、他的正妻贾长秀和妾伍智秀。张华书去年刚纳伍智秀为妾,虽然他很宠爱她,但他的妻子几乎无法容忍该妾。他的妻子忍无可忍,于 1950 年 6 月,也就是婚姻法施行后不到一个月,向当地公安局控告。她请求警方命令其丈夫与妾离婚。妾伍智秀同意离婚,但条件是要给她 100 万元生活费。张华书发誓死也不愿与其妾离婚。法院无视丈夫对妾的表白,准备判决这二人离婚。这时,原本要求丈夫与妾离婚的妻子改变了主意。贾长秀已经因为丈夫对她所厌恶的女子的热烈示爱而感到羞辱,她担心法庭会判给妾她所要求的一大笔钱。如果法院批准离婚并判给妾赡养费,那么贾长秀将陷入一段无爱的婚姻,而该男子将对她夺走了他的一生挚爱耿耿于怀;与此同时,伍智秀也将继续获得她丈夫的扶养。事实上,贾长秀预测,即使在法院判决离婚后,她的丈夫也会继续与该妾有染。她想,最好是她(而不是她最初要求的妾)与张华书离婚。当然,她也希望得到一笔生活费。她的丈夫对她的想法很满意,自愿将自己的全部财产交给她,只要他能与心爱的妾在一起。由于张华书和贾长秀都表达了离婚的意愿,法院调解了他们的离婚并达成协议。虽然贾长秀没有得到她前夫的全部财产,但法院除了分给她一份大米和家庭用品,还分给她家产的一部分。随附的评论报道称,法院对此案的处理得到了公众的广泛认可。

这起案件很好地展示了中国共产党根据民法处理纳妾案件的主要特点。为了实现保护妇女利益的目标,法院会考虑所有相关者的意愿,但优先考虑女子而不是男子的请求。妾的行为表明,只要能得到她所要求的大笔赡养费,她并不反对与张华书离婚。当正妻改变主意,请求法院判决她而不是妾与张华书离婚时,她表示宁愿做获得丰厚补偿的离婚者,也不愿做被遗弃的妻子。张华书在公开的法庭上对他的妾表达爱意,这表明如果必须在这两名女子之间做出选择,他显然有明确的偏好。尽管法院最终裁定张华书应与他的正妻离婚,但该决定是基于法院对丈夫与其妻和妾关系的看法,而不是满足他的愿望。妻子要求离婚,而妾也表示不反对和张华书在一起。如果伍智秀不愿意和他在一起,法院很可能也会调解他们的离婚,使张华书既没有妻也没有妾,而且有两位前妻要扶养。

该案还说明了法院是如何随着对情况的理解发生变化而修改其裁决的。在正妻改变她对丈夫应该与谁离婚的想法之前,法院已经准备批准她最初的请求,判令丈夫与妾离婚。当她要求自己是离婚的一方,这促使法院深入调查,以便从诉讼当事人那里了解他们各自对这一情况的看法。根据这些额外的信息,法院重新评估了该案,并作出了张华书与其妻而非妾离婚的裁决。值得注意的是，由于张华书是在婚姻法施行之前纳的妾，因此尽管法院明确承认他犯了重婚罪，但他也没有被以重婚罪起诉。考虑到法院保留了张华书与其妾的关系，似乎也不太可能对他进行教育和批评。

根据最高人民法院及其分院发布的声明，以及上述典型案例，重庆市中级人民法院创造了确定哪些婚姻应当被终止的程序，这些程序在1956年被公布（刘世杰和刘亚林1998:68）。妻或妾提出离婚应先经审查，以确定该女子是否出于自愿。如果有任何不确定因素，法院应该对其进行有关结婚和离婚的政策法令教育。教育完成后，她就可以在知情的情况下决定是继续婚姻还是继续离婚诉讼。如果她坚持要求离婚，那么法院应该予以批准，但不一定是她所要求的那样；法院仍然保留判决她的丈夫与另一名女子离婚的权利。除了必须维护妇女和子女的利益，法院的裁决应基于对男子与其妻和妾关系的未来的评估；法院认为基础薄弱的婚姻可以被强制离婚（刘世杰和刘亚林1998:68）。

## 丈夫提起的离婚

同样的逻辑也适用于丈夫提起的离婚诉讼。由法院（而不是丈夫）决定丈夫是与妻子还是与妾离婚。在这方面，中国共产党对纳妾案件的处理与其他重婚案件不同。因为尽管法律认为纳妾等同于重婚，但解除与妾的婚姻的理由和程序与真正的重婚不同。对于后者，中国共产党的法律反映了国民党的法律实践，第二段婚姻因是触犯重婚罪的结合而被解除。在1955年的一起涉及重婚的刑事案件中，北京市中级人民法院撤销了第二段婚姻（最高人民法院研究室编 1994:625)。同样,1955年,最高人民法院在答复黑龙江省司法厅的询问时解释说,第二段婚姻即使已经登记也无效(刘素萍主编 1989:224)。

由于纳妾很少(如果有的话)被登记为结婚,因此它被视为事实重婚,其处理方式与法定重婚不同,后者被定义为在婚姻登记部门正式登记的结合。

根据中国共产党的法律,早先倾向于终止后一段婚姻是基于保护妇女利益的原则,而不是像国民党法律那样基于重婚无效的法律逻辑。王迺聪在婚姻法施行一年后出版的一本手册中指出,"如果男方提出和前妻离异,则一般的不批准亦不判离"(王迺聪 1951:24)。王迺聪辩称,这样做的理由是防止有妾的丈夫利用法律与不想要的第一任妻子离婚,因为这将使第一任妻子成为双重受害者——先是丈夫的重婚,然后是丈夫的抛弃。1952年,最高人民法院西北分院在答复甘肃省高级人民法院天水分院的询问时,认可了解除第二次婚姻的政策(刘素萍主编 1989:199)。同年,西北军政委员会司法部也支持判离后妻(小老婆或第二个妻子)的原则(《中国婚姻法资料汇编(内部参考)》1981:7—8)。

然而,司法部反对这种做法的公式化性质。中央司法机关认为,离"大"还是离"小"的问题,应该取决于案件的具体情况,而不是取决于僵硬的规则(《婚姻法资料汇编》1984,下集:138—139)。法制委员会还指示法院考虑每个案件的具体情况,大多数法官将其解释为终止他们认为基础最薄弱的婚姻。因此,关于谁应与谁离婚的决定并不总是反映当事人表达的意愿,这就产生了当存在利益冲突时应该终止哪段婚姻的问题。

在没有关于终止哪段婚姻的详细指导方针的情况下,一些省级法院汇编了一份涵盖常见情况的规则清单。司法部的授权是考虑到每个案件的具体情况,这就要求地方法院展开调查。根据调查结果,法院必须首先决定离婚是否可取,如果可取,再决定该男子应该与哪位女子离婚。到底是妻还是妾,取决于法院对婚姻状况的理解,以及男子与每位女子关系的强度。有时,这可能导致法院命令该男子与他希望保持婚姻关系的女子离婚。但一般来说,如果丈夫要求与之分开的那位女子同意,法院应批准丈夫的离婚请求,如果没有这种同意,丈夫就必须证明有正当理由。因此,只有在丈夫能够为自己的诉讼提供法律依据,或者能够获得他要求与之分离的女子的同意的情况下,法院才会批准丈夫提出的与他所选择的女子离婚的请求。如果不能满足这些法律要求,法院通常会拒绝离婚(刘世杰和刘亚林 1998:68)。

虽然司法部没有规定多妻的男子应该与哪位女子离婚,但它确实指示法院向离婚的女子提供生活费补助(刘素萍主编 1989:199)。广东省各级法院还强调,男方有义务在离婚后为女方的生活提供某种形式的扶养(刘世杰和刘亚林 1998:68)。

1960年,山东省青岛市中级人民法院对其近五年的离婚案件处理情况进行了审查。在纳妾问题上,青岛法院表示,它积极维护一夫一妻制的原则,在大多数涉及多妻的案件中准予离婚。该院概述了其做法:

> 不论妻或妾提出离婚,不管男方是否同意,均准予离婚;如果男方提出与其妻离婚,而其妻坚决不同意,则一般不准离

婚;如果男方提出与其"妾"离婚,而其"妾"同意,则调解离婚,不同意,则判决离婚。(《青岛市台西区人民法院》1960:4—5)

20世纪50年代,如果是妻子或妾提起法律诉讼,法院也更愿意批准离婚,但这种宽容的态度因考虑到个别案件的具体情况而有所缓和。为了维护一夫一妻制的原则,青岛法院采取了更为强硬的态度,在此类案件中无一例外地判决离婚。同样,与20世纪50年代初的法庭实践不同,青岛法院在那十年的后半段无视了丈夫提起的离婚案件的具体情况。以前,法官基本无视丈夫的意愿,对他们认为最不可能成功的关系判决离婚;而现在,法院在妻子同意的情况下会批准他与妻子的离婚请求,并批准他与妾的离婚,即使妾对离婚提出异议。对法院来说,妾对丈夫提起的离婚诉讼的回应,只有在决定如何处理离婚诉讼时才变得很重要。如果她默许,那么双方将通过法庭调解来达成协议。如果她反对,那么法院将推翻她的反对意见,并判决强制离婚。无论法院是调解还是判决离婚,最终的结果都是一样的:丈夫和妾脱离关系。

在丈夫提起的离婚诉讼中,区别对待妻和妾的理由是什么?青岛法院强调了丈夫和妾之间的年龄差距,以证明其坚持两人离婚的合理性,并指出"'妾'离婚后另谋前途较容易"(《青岛市台西区人民法院》1960:5)。虽然法院没有详细说明,但其基本假设是,妻子通常与丈夫年龄相近,因此年龄较大,再婚会遇到更多困难。强迫妻子违背自己的意愿离婚并不符合她的最佳利益,法院仍然被要求以保护妇女利益的方式适用法律。当然,被法院强迫离婚的妾也是如此,但法院表示,相信妾比妻子年轻,更有能力开创新的未来。

尽管在20世纪50年代初,司法部对这种情况下谁应该离婚的规定持保留态度,但到20世纪50年代末,大多数法院似乎更倾向于将这一程序标准化,并作出有利于与妾离婚的裁决。后来的司法意见延续了解除第二段婚姻的趋势。最高人民法院在1963年的一份意见中,表示倾向于以挽救原配婚姻的原则为基础进行裁决(何兰阶和鲁明健主编1993,下册:52)。法院只有在未能调解和好的情况下,才允许原配夫妻离婚。1980年的新婚姻法颁布后,最高人民法院在1984年发布的另一项指令中重申了保持原配夫妇关系的重要性。由于法院不再将纳妾案件与其他重婚案件区分开来,因此关于重婚案件的一般政策很可能也适用于纳妾案件。

上面讨论的离婚案件显示了法官如何处理这些相互冲突的问题。尽管一夫一妻制原则和保护妇女儿童利益仍然是中国共产党婚姻立法的基石,但这些理想有时会发生冲突。在纳妾案件中尤其如此。为了保护多妻家庭中妇女的利益,法官有时要对法律定义为重婚的关系视而不见。相反,维护一夫一妻制要求终结纳妾制度,但这有时会对妻子或妾产生不利影响。在涉及多位妻子利益冲突的案件中,法官必须选择他们要保护的女子——妻或者妾。为了做出这一决定,中国共产党的法官以他们对丈夫与每位女子关系的感情强度的评估,作为决定哪些婚姻关系应该被挽救、哪些应该被解除的标准。在这方面,至少在20世纪50年代初,中国共产党支持务实的方法,抵制国民党法律的形式主义。到20世纪50年代末,终结男子与妾的关系的趋势很可能反映了纳妾案件与其他形式的重婚案件的合并。到那时为止,纳妾被认为已经被根除,法院在审理涉及多妻的案件中,往往不是基于感情原则,而是基于第二次婚姻非法的逻辑。

## 宣传与现实

就其本身而言,宣传海报上理想化的幸福家庭形象与社会现实之间的对比并不显著。然而,正如凯·安·约翰逊(Kay Ann Johnson)所言,值得注意的是政党—国家体制的各级机关是如何破坏和阻碍婚姻法的实施的(1983:115—137)。根据法律规定,不再希望保持重婚关系的妾室,可以求助于法院来调解离婚,并获得某种形式的经济扶养。然而,现实与理想有时相去甚远,这在很大程度上是由于缺乏地方官员的支持,有时甚至是被直接抵制,特别是在农村。

四川省发生的一系列处理不当的案件,促使川北人民法院院长张雪岩在1951年底发布公告,提醒人们注意几个示例案件中的错误(张雪岩1951:35—38)。在白鹤乡的一个村庄发生的一起案件中,妾谢张氏向谢光瑜提出离婚。谢光瑜利用与当地干部的关系,两次将他的妾关起来:第一次关了8天,第二次关了10天。村社也被动员起来斗争谢张氏。在目睹了谢张氏被公开羞辱后,其他原本希望婚姻法能将她们从不幸的境况中解救出来的妾们,可能会对申请离婚有所犹豫。在另一起案件中,来自镇水乡望水村的妾杨金莲的离婚诉讼被驳回三次。她以丈夫和正妻的虐待为由提出离婚请求。对此,乡长李文龙告知她:"你要离婚,就要说出甘四个条件才行,否则就不准离。"(张雪岩 1951:36)要么是妾无法给出必要数量的离婚理由,要么是乡长不认可她提出的理由;无论如何,结果是该妾的离婚请求都被拒绝了。

根据法律法规和婚姻法手册中概述的政策,这两起案件中妾的离婚请求都不应该被拒绝。既然法律将纳妾视为重婚,妾就可以援引婚姻法提起离婚诉讼。此外,她们是对目前生活状况不满的妾,这一简单的事实应该足以构成解除其婚姻关系的理由。最高人民法院及其各级机关的指示没有明确规定重婚女子要求离婚的任何理由,也没有规定理由的数量。尽管中国共产党规定所有离婚诉讼都应首先由有关政府和司法部门设法调解和好,但如果一方坚持离婚,则法院应批准其请求。

川北人民法院院长撰写的这一公告描述了对妾提起离婚的案件的不当处理,告诫他的听众(主要是四川下级法院的法官)要认真学习婚姻法。只有这样,他们才能更好地理解如何应用它的原则,让像谢张氏和杨金莲这样的女子的经历不再司空见惯。他把这个问题归咎于无知的干部,他们对婚姻法的肤浅理解,甚至更糟糕的是误解,再加上"封建思想"的恶劣影响,导致了这种司法不公(张雪岩 1951:37)。他总结说,法院有责任纠正村干部在处理不当的案件中所犯的错误,兑现婚姻法的承诺。

妾们希望利用婚姻法要求离婚和赡养费,但她们所面临的障碍证实了戴茂功(Neil Diamant)描述为"保守派的背叛"的理论,受女权主义启发的美国学者在20世纪80年代中期出版的作品就是最好的例证(Andors 1983;Johnson 1983;Wolf 1985;Stacey 1983)。戴茂功指出,过去这些研究的一个共同线索是党的干部、村干部、农民男子和老年妇女的利益融合,他们出于不同的原因都反对婚姻法(Diamant 2000a:172—175)。戴茂功自己研究中的轶事证据表明,民众抵制婚姻法禁止纳妾的规定,妾们自己也不一定从解放的角度来看待这一禁令(2000b:54—57)。

## 纳妾的消失?

从20世纪60年代开始,在关于重婚的司法解释中,纳妾不再是一个单独的类别;当这个术语突然出现时,法官通常是事后才想到的,或者是参考了以前的指示。例如,最高人民法院在1957年对安徽省高级人民法院问询的几次答复中,重申了1953年法制委员会的指示是关于处理婚姻法运动后发生的纳妾案件的官方政策(《中华人民共和国婚姻法资料选编》1983:265—266)。同样,在1963年的一份意见中,纳妾出现在重婚讨论的最后,与其他更古老的重婚形式归为一类,仍然是抨击的目标,但不再是中国共产党的干部们关注的问题(何兰阶和鲁明健主编1993,下册:52)。在最高人民法院研究室汇编的一份20世纪50年代的案件回顾中,纳妾并没有被列为七种重婚形式之一(最高人民法院研究室编 1994:642)。1957年发表在法律期刊《法学》上的一篇关于重婚和通奸的文章也表明,在关于重婚的公开讨论中,纳妾的重要性也在逐渐减弱。在被列出的导致重婚和通奸的四个原因中,最后一个间接指向纳妾;作者描述了它的特征,但没有提及它的名字(董敬之等1957:37)。这表明作者们更关心的是探索重婚的新原因,而不是回顾过去的原因。

在1950年婚姻法施行的最初几年,重婚实际上是纳妾的同义词,如果没有更早的苏维埃和边区政府的婚姻条例的话,现在重婚的法律范畴会具有更广泛的含义。最高人民法院在20世纪60、70年代发布的意见反映了一系列令人眼花缭乱的新生活安排,这些安排现在被法律视为重婚(《婚姻法资料汇编》1984,下集:144—148)。① 重婚的法律定义越来越多地被认定为在大多数情况下没有在地方政府部门登记的多次结婚。这些结合逐渐取代了纳妾,成为被法律视为重婚的大多数事实婚姻。

毫无疑问,1950年的婚姻法在废除帝制晚期的纳妾习俗方面发挥了值得称赞的重要作用。随着1980年新婚姻法的通过,关于纳妾的规定消失了,只留下禁止重婚的规定。马雅清在代表最高人民检察院发言时解释说:"因为经过婚姻法颁布后近30年的宣传贯彻,一夫一妻制已经深入人心,社会上的纳妾行为基本没有了。"(马雅清主编 2001:13)

---

① 另见《中国婚姻法资料汇编(内部参考)》1981:10—12。

# 结　论

20世纪,中国文明的各个领域都发生了巨大变化。在法律领域,基于借鉴外国模式的原则而制定的新法典,通常是以西方的术语来定义的,象征着国家的现代化愿景。然而,从国外引进的法律理念常常与清代遗留下来的社会习俗发生冲突。纳妾作为一种在精英阶层中盛行的社会习俗,一千多年来一直为男子的婚外性行为提供庇护。长期以来,纳妾被帝制法律容忍,并受到儒家价值观的认可,但现在,纳妾因破坏了对一夫一妻制和平等的新承诺而受到抨击。纳妾的历史揭示了法律和社会如何协调其相互冲突的利益。这些分歧的解决重构了现有的一夫一妻制和婚姻观,并重新调整了性别和家庭关系。

作为观察20世纪上半叶中国动荡历史的一个镜头,纳妾为理解民国话语中的现代性意义提供了一种途径。妾的问题为中国知识分子(大部分是男性)提供了一个谈论现代性的平台。"五四"论辩的参与者将女子从父权制中解放出来,与中国作为一个现代国家的未来联系在一起,并将纳妾与"封建"传统联系在一起;中国要想实现现代化,就必须摆脱过去的这种有害的残余。在这样的话语中,纳妾被表述为阻碍中国发展的过去的象征。

本研究提出了另一种理解20世纪初中国现代性与纳妾之间关系的方式,挑战了这种停滞的纳妾观。它没有追问纳妾如何在现代性话语中被用来象征中国不变的过去,而是反问现代性话语如何重构了纳妾的传统观念。关于纳妾的讨论引发了对婚姻的定义、性的作用,以及国家应在多大程度上用立法来规范道德和家庭生活的问题。在这些讨论中,现代性被认同为性别平等、夫妻忠诚和"小家庭"的理想。正是这些法律现在承诺维护的新原则,导致了20世纪初对纳妾的重新定义。

## 纳妾

纳妾含义的变化(从清代的半婚结合,到国民党的通奸,再到中国共产党的重婚)与一夫一妻制含义的变化密不可分。像一夫一妻制这样的概念虽然是舶来品,但是通过一个辩证的过程移植到汉语词汇中,这个过程产生了复杂的综合,而不是简单的移植。一夫一妻制的当代含义源于从帝制晚期继承下来的现有理解和从国外引进的双重含义之间的协商。因此,尽管"纳妾"和"一夫一妻制"的中文术语没有改变,但它们的内涵在20世纪早期发生了变化。

在关于婚姻和家庭改革的公开讨论中,一夫一妻制的理想占据了核心地位。在关于纳妾的辩论中,它的引用说明了舶来的理想与继承的习俗之间的紧张关系,有时也是一种调和。关于纳妾是否破坏了一夫一妻制原则的争论也揭示了婚姻和性的观念的变化,这些变化具有长期的法律和社会影响。从20世纪开始,关于婚姻和性的辩论表明,人们对一夫一妻制的理解越来越远离清代"一夫一妇"的概念,而更符合夫妻忠诚的新观念。再加上法律对平等的承诺和小家庭模式对大众的吸引力,公共话语中夫妻忠诚的新观念对保护纳妾免受法律惩罚的家父长制和父系规范提出了挑战。

作为对20世纪急剧变化的社会环境的法律回应,国民党法律将纳妾重新定义为通奸,中国共产党法律将纳妾重新定义为重婚,标志着法律话语对男子婚姻和性关系的新理解。纳妾只符合清代对"一夫一妇制度"的承诺,因为男子的婚姻和性是分开的;法律规定男子一次只能娶一个合法妻子,但允许他有婚外性关系。在民国早期法律下,这种情况仍然存在,但它不再被社会接受。婚姻和性现在对男子来说已经合二为一,就像对女子一样,男子现在被期望把他的性活动限制在夫妻之间。正如媒体上关于纳妾的公开讨论所表明的那样,男子与其妾的关系现在违反了一夫一妻制的法律承诺。这种违法行为是构成通奸还是重婚,取决于法律如何界定男子与其妾关系的性质。

虽然民国早期、国民党和中国共产党的法律都支持一夫一妻制和平等的承诺,并谴责纳妾,但它们都以不同的方式将原则转化为实践,或反映或违背了民众的期望。在民国早期和国民党的法律中,话语和实践彼此不一致。20世纪早期,越来越多的媒体人士批评民国早期和国民党的法学家们未能践行他们所信奉的原则。然而,民国早期的法学家们拒绝承认他们对一夫一妻制的拥护和对纳妾的容忍之间存在任何矛盾。他们坚持认为妾不是合法的妻子,所以纳妾并不会破坏一夫一妻制。

国民党的立法者也重复了同样的理由,但他们现在面临着废除纳妾的公众压力。根据国民党法律,纳妾现在构成了与第三方的"非法关系",即通奸;国民党民法典将其作为离婚的理由,1935年修订的刑法将其定为刑事犯罪。在一定程度上,将纳妾视为通奸的法律建构反映了民众对一夫一妻制在夫妻忠诚方面的理解。根据法律条文,男子现在必须对其妻子保持性忠诚,而女子第一次获得了离婚和以通奸为由起诉丈夫纳妾的权利。

与民国早期和国民党的法学家不同,中国共产党将纳妾定义为事实婚姻,承认其合法有效,并认为妾是合法的妻子。中国共产党只是肯定了社会现实中存在的东西:纳妾的习俗是一种多妻制,男子纳妾就犯了重婚罪。当面对涉及妾的案件时,中国共产党的法官会判决离婚,并以重婚罪起诉新的纳妾案件。

由于重婚法的影响范围更广,因此事实证明它在消灭纳妾方面比通奸法更有效。当然,国民党和中国共产党的立法者一定已经认识到,要想有效根除纳妾这一社会习俗,就必须认识到男子与其妾的关系是一个公众关注的问题,而不仅仅是私人利益的问题。通奸被认为是针对特定人的犯罪,只有受害方有权提出指控;在纳妾的情况下,这意味着只有妻子可以对丈夫提出指控。相比之下,重婚被认为是一种危害社会的罪行;任何人(无论是受到伤害的配偶、愤怒的亲属、爱管闲事的邻居还是干预型政府)都可以指控一个人犯有重婚罪。重婚法的范围更广泛,使中国共产党有权起诉新的纳妾案件,而通奸法的能力有限,允许国民党保留新的纳妾安排。

国民党立法者顶住了将纳妾认作重婚的公众压力,转而将其置于更宽松的通奸法之下,这表明他们在废除纳妾方面没有中国共产党么坚定。这并不奇怪,因为纳妾在国民党领导层中更为常见。由于在保留纳妾方面没有既得利益,中国共产党更愿意采取更严格的措施来根除这一习俗。

尽管国民党和中国共产党对纳妾的理解不同,但他们对待纳妾的处理在某些方面是类似的。两者实际上都保留了原有的纳妾,让妻子和妾自己决定是维持现状还是脱离这种关系。两党都试图通过施加民事和刑事处罚来遏制纳妾行为,国民党通过关于通奸的法律,共产党通过关于重婚的规定。无论国民党和中国共产党如何对纳妾进行归类,其法律都要求男子在脱离关系后继续赡养他们的妻子和妾,前提是女方没有被认定是导致关系破裂的原因。国民党和中国共产党都保留了起诉那些故意违反法律、实施新的纳妾行为的人的权利。

## 妾

虽然纳妾行为受到谴责,但妾需要得到帮助。民国早期法学家基于对妾和家长的关系及其家属身份的契约理解,将权利扩展到妾的身上。在国民党民法典通过后,妾的法律权利完全与她的家属身份挂钩,而这一身份现在取决于她与家长共同居住。中国共产党的法律承认妾是妻子,使其享有与妻子同样的权利。

妾受到法律保护的程度在很大程度上取决于立法者如何看待她与家长及其家属们的关系。民国早期的法律强调妾与家长关系的契约性质,这导致法学家们在脱离关系的问题上对妾和家长抱有同样的期望;双方如果想违约,就都必须拿出正当理由。然而,到了民国中后期,法律对平等的承诺造就了以牺牲家长为代价而偏袒妾的法律。为了抵消权力的不对等,国民党和中国共产党的法律给予妾以优待;现在占据上风的是她的利益,而不是她的家长的意愿。国民党法律不再要求妾遵守正当理由的要求,她如果想脱离关系,可以直接离开或提起诉讼要求脱离关系和经济扶养。中国共产党的法律赋予妾与妻子相同的离婚和获得赡养费的权利,并取消了妾提出离婚诉讼的正当理由要求。在基于平等原则的法律制度下,妾获得了新的权利(即使她丧失了旧的权利),而她的家长失去了在帝制晚期制度中习惯享受的、受到家父长制和父系价值观认可的传统特权。

对于妾和家长来说,关于纳妾的法律思想的转变产生了非常真实和具体的后果。但对妾来说,法律的变化具有特别的意义,因为它们界定了她的身份和权利。妾所能享有的利益取决于法律如何界定她与家长及其家庭的关系。由于民国早期和国民党法律都从家属的角度考虑这种关系,无论谁拥有家长的头衔(即使不是她的"丈夫"),在法律上都有义务将她作为家庭的永久成员来扶养,而且法律禁止在没有正当理由的情况下驱逐她,因此,在丈夫去世后担任家长的正妻继承了丈夫对妾的义务。在这方面,国民党法律认为正妻与丈夫的共同点多于丈夫与妾的共同点。

相比之下，中国共产党的法律将纳妾定义为婚姻，将妾置于与妻子同等的地位。中国共产党把妻妾统称为"女方"，反映了中国共产党假设这两类女子有共同的利益。妻子要求丈夫和妾离婚的案件记录却表明情况并非如此。根据中国共产党的法律，妻子可以援引有关离婚的条款迫使丈夫终止与妾的关系。这是在民国初期和国民党法律下都无法想象的法律场景。在民国早期，对丈夫和妾关系不满的妻子可以要求别居。在国民党民法典通过后，她如果希望与丈夫保持婚姻关系可以起诉要求别居，也可以申请离婚。根据民国早期和国民党的法律，她不能让丈夫违背自己的意愿与妾脱离关系。

但根据中国共产党的法律，妻子完全可以这样做，尽管案件记录显示，法院并不总是批准她的请求。中国共产党以感情的质量为标准来决定男子的哪一段婚姻应该被结束，这意味着妻子并不总能得到她所期望的结果。中国共产党的法官只有在认为她的婚姻值得挽救的情况下才会批准她的请求。如果法官认为丈夫在感情上更忠于妾，那么他就会驳回妻子的诉讼。如果妻子不接受这种情况，那么法官将批准她与丈夫离婚。

## 法律

在一定程度上，妻子在国民党法律和中国共产党法律下的法律选择的差异反映了不同的立法方法，最突出的是国民党法律的形式主义特征和中国共产党法律的实用主义方法。国民党法学家依据成文法和司法解释作出裁决。他们的目标是保持他们所创建的法律体系的逻辑一致性和内部连贯性。相比之下,中国共产党的法官更倾向于根据他们对每个案件具体情况的个人理解来处理案件;指导他们在个案中应用法律的是社会背景,而不是抽象的原则。在国民党法律下,法律结果是可以预测的,因为它们是基于法典中明确规定的一般原则和标准程序的。在中国共产党法律下,法律结果是由社会因素决定的。

国民党法律的形式主义特征虽然导致了可预测的结果,但也可能导致意想不到的结果。一个恰当的例子是国民党民法典对合法有效婚姻的仪式要求。与立法者的意图相反,民法典中对合法婚姻的新要求使一些妾获得了作为妻子的合法身份。娶正妻和纳妾的社会仪式的相似性,加上合法婚姻的最低限度的法律标准——公开的仪式和两名见证人为一些妾打开了大门,使其声称标志着她们进入家庭的仪式符合结婚的法律定义,因此她们应该被法律承认为妻子。在法律条文的约束下,面对无可争议的符合法律标准的仪式证据,国民党的法官除了承认这些女子的主张别无选择。在这种情况下,具有讽刺意味的是,国民党法学家发现自己承认了那些他们明确否认其婚姻地位的女子为合法妻子。

国民党法律的形式主义特征导致法官在满足法定婚姻标准的情况下承认妾是妻子,而中国共产党法律的实用主义取向导致法官赋予妾作为小妻的社会身份以法律效力。这种基于现实的立法方法也导致法官在现实世界中而不是在法庭上制定和修改法律。在涉及妾的案件中,丈夫应与哪名女子离婚的问题要根据具体情况决定,中国共产党的法官将根据他们对案件具体情况的透彻理解作出裁决。

尽管法律形式主义和法律实用主义通常被视为相互排斥的范畴,但在国民党和中国共产党法律中的纳妾历史表明情况并非如此。有时,国民党法律的形式主义性质与中国共产党法律的实用主义特征产生了类似的法律结果。在20世纪30年代的大部分时间里,最高法院都将赡养费扩大到妾就是这样一个例子。虽然国民党民法典对妾没有任何规定,更没有将妻子享有的获得赡养费的权利延伸到妾,但最高法院根据民法典第一千零五十七条,对一系列这样做的裁决进行了合理化解释。在这个特殊的例子中,国民党法律的形式主义倾向并没有排除法官承认纳妾的半婚性质的可能性,其方式就像中国共产党法官将纳妾归类为事实婚姻一样。中国共产党的法官从社会现实出发来确认他们的法律结论,而国民党法官引用了一条专门针对妻子的法律,并以一种让人联想到帝制晚期法律实践和法律形式主义传统的方式,通过类推进行裁决。无论出发点如何,国民党和中国共产党的法律都承认妾作为妻子的社会身份。

相反,中国共产党法律的实用主义做法并没有阻止法院制定标准程序,以产生一致的裁决。国民党制定的法律和程序是基于抽象的概念和它所接受的普遍原则的,而中国共产党的法律和程序体系则基于多年的实践经验。地方法院为处理纳妾案件而想出的各种方法反映了规范程序的努力。随着时间的推移,司法实践中出现了连贯一致的政策。如果是妾或妻子希望与丈夫离婚,法院会批准。如果丈夫希望与他的妾或妻子离婚,要么女方同意,要么丈夫必须证明有正当理由。如果妻子提起诉讼要求丈夫与妾离婚,那么法院就会根据其对男子与妻子和妾的感情质量的评估作出裁决,基础薄弱的婚姻将被解除。到20世纪50年代末,法院朝向以裁决重婚案件的方式来裁决纳妾案件的政策发展;现在的一般政策是解除第二段婚姻。因此,将中国共产党的法律描述为崇尚实用主义,就是要强调社会现实的变化对法律政策的影响。

　　法律提供了一个独特的机会来探索以新的法律制度为代表的制度变革与妾所做选择所表达的个体行动之间的相互作用。案件记录显示,妾确实有意或无意地利用了民国早期、国民党和中国共产党法律为她们提供的法律利益。无论是面临被逐出家庭的威胁,还是想在脱离关系后获得经济赡养,妾都会向法院寻求干预和援助。有时,向当地法院提起诉讼这一简单的行为就足以让实施虐待或顽固不化的家长就范。

　　出现在案件记录中的妾与文学作品中经常描绘的无助受害者相去甚远。她们也不符合另一种流行的诡计多端的狐狸精形象。然而,这并不意味着诉讼当事人没有使用这些熟悉的刻板印象来强化他们的主张并获得法庭的同情。妾经常把自己描绘为软弱和天真的,而她的家长把她描绘为精于算计和狡猾的。当然,妾对其家长提起的诉讼展现出她的一种自主性,证明她所声称的受害是无稽之谈。而被家长描述为善于摆布的行为也很容易被解读为精明。如果超越这些自私的描述,我们会发现数量空前的妾精通法律,并且敢于维护自己的权利。

# 参考文献

本书所引《大清律例》以薛允升的《读例存疑》(黄静嘉点校)为基础,引用时注明律令编号。所引国民党民法典以《中华民国民法典》(1930—1931)为基础,引用时注明条文号。

## 一、中文类

安徽省高级人民法院司法行政处编(1964):《婚姻法问答》,合肥:安徽人民出版社。

北京地方法院,北京市档案馆藏。[引用时注明档案编号]

陈令仪(1934):《妾在法律上之地位》,《女青年月刊》第13卷第4期,第45—49页。

陈维姜(1934):《新妇女与"新刑法"》,《女青年月刊》第13卷第10期,第21—23页。

陈荫萱(1933):《男女平等与妾的问题》,《女子月刊》第1卷第6期,第37—40页。

陈荫萱(1935):《妇女与法律》,《女子月刊》第3卷第9期,第4830—4833页。

戴炎辉(1966):《中国法制史》,台北:三民书局。

丁元普(1931):《法律上之婚姻问题》,《现代法律》第1卷第3期,第1—12页。

董敬之、熊克刚、熊耀武、陈鼎声、刘志舟、许玉霞、夏道平(1957):《谈重婚与通奸》,《法学》第4期,第36—39页。

杜重远(1934):《为要求男女法律平等者进一言》,《新生周刊》第1卷第41期,第2页。

《法令全书》(1912,8册),北京:印铸局。

《法律草案汇编》(1973[1926],2卷,重印),台北:成文出版社。

《法院刑事判决》(出版日期不详),河北高等法院天津地方审判厅。[在中国政法大学查阅,索书号:585.8/1]

《法制委员会有关婚姻问题的若干解答》(1953),载《中央人民政府法令汇编》,第112—116页。

范葡慧(1928):《提倡一夫一妻制与论娶妾之害》,《妇女旬刊》第270/271/272期,第12—17页。

范铨编(1932):《婚姻宝鉴:法律指导》,上海:普益书局。

《妨害婚姻家庭罪章:重增处罚妇人通奸一条》(1934),《中央日报》11月1日,第3版。

冯少立、陈国辉编(1991):《旧式婚俗》,九龙:金晖出版社。

傅秉常、周定宇编(1964):《中华民国六法理由判解汇编》(6册),台北:新陆书店。

《复议中新刑法通奸罪》(1934),《申报》11月19日,第9版。

高景川(1934),《刑法修正案通奸罪应加修正》,《中央日报》11月14日,第3版第3张。

高维濬(1929a):《评第五六号解释例妾之亲属范围》,《法律评论》第6卷第29期,第9—11页。

高维濬(1929b):《党治下纳妾之处罚问题》,《法律评论》第6卷第45期,第7—8页。

高维濬(1930):《废妾法草案》,《法律评论》第7卷第52期,第17—18页。

葛遵礼、韩潮(1918):《中华民国新刑律集解》,上海:上海会文堂书局。

《各省审判厅判牍》(1912),法学研究社印行。

古周(1956):《论婚姻法颁布后几年来处理离婚案件的原则》,《政法研究》第5期,第42—45页。

《贵州省之人事习惯》(1925),《法律评论》第3卷第12期,第18页。

郭卫编(1931):《大理院解释例全文》,上海:上海法学编译社。

郭卫编(1972[1933]):《大理院判决例全书》,台北:成文出版社。

郭卫编(1946):《司法院解释例全文》,上海:上海法学编译社。

郭卫、周定枚编(1934):《最高法院民事判例汇刊》,上海:法学书局。

国民政府法制局(1928):《亲属法草案之说明》,《法律评论》第6卷第4期,第24—33页。

国务院法制办公室(1953):《最高人民法院关于重婚纳妾几点意见的复函》,http://fgk.chinalaw.gov.cn/article/sfjs/195309/19530900274847.shtml。

何兰阶、鲁明健主编(1993):《当代中国的审判工作》(下册),北京:当代中国出版社。

胡长清(1929a):《论事实婚与法律婚》,《法律评论》第6卷第39期,第1—5页。

胡长清(1929b):《新亲属法草案之特色》,《法律评论》第7卷第3期,第1—7页。

胡长清(1930):《婚姻习惯之研究》,《法律评论》第7卷第17/18期,第1—11页。

胡长清(1936):《中国民法亲属论》,上海:商务印书馆。

胡刚(1936):《妾 婢 妓女 女丐与失业妇女往何处去?》,《妇女生活》第2卷第2期,第30—32页。

胡清醴(1934):《论民法第九九二条关于重婚采取撤销主义之失当》,《河南大学学报》第3期,第1—3页。

胡吴福(1934):《丈夫宠妾虐妻》,《玲珑》第4卷第39期,第2523—2524页。

黄如芳(1951):《现行法律关于禁止重婚及通奸之检讨》,《法令月刊》第2卷第8期,第16—18页。

《婚姻案件100例》(1981),上海:民主与法制杂志社。

《婚姻法资料汇编》(1984,上下集),北京:中国政法大学民法教研室。

江海帆(1936):《新刑法各论》,上海:商务印书馆。

《江苏高等法院公报》(1929),南京。

《江苏司法汇报》(1912,6期),上海:昌寿里本报分事务所。

江镇三(1934):《我对于刑法修正案初稿之意见》,《法轨期刊》第2期(6月20日),第31—35页。

姜跃滨(1991):《中国妻妾》,石家庄:河北人民出版社。

蒋凤子(1928):《修正中华民国刑法意见书》,《法律评论》第6卷第4期,第13—18页。

蒋晓光(1930):《中国妇女运动之史的观察》,《妇女共鸣》第30期,第23—26页。

金石音(1930):《目前妇女应注意之两法律问题:继承与重婚》,《妇女共鸣》第38卷,第5—16页。

劲予(1934):《废妾运动刍议》,《女青年月刊》第13卷第10期,第5—8页。

李宜琛(1946a):《婚姻法与婚姻问题》,上海:正中书局。

李宜琛(1946b):《现行亲属法论》,上海:商务印书馆。

李正(1955):《中华人民共和国婚姻法对建立和巩固家庭的作用》,《政法研究》第5期,第24—26页。

李忠芳、王卫东、郭文英、宋庆云编(1984):《婚姻法手册:内部资料》,长春:吉林大学法律系、吉林省政法干校。

李紫来(1947):《法律上的妇女问题》,《妇女月刊》第5卷第4期,第10—12页。

李祖荫(1929):《嫡庶制度论》,《法律评论》第6卷第37期,第1—15页。

《立法院公报》(1934)。

《立法院今晨大会:继续审议刑诉法》(1934),《中央日报》11月27日,第3版。

《立法院通过之刑法修正案条文》(1934),《中央日报》10月30日,第2版。

《立法院续议刑诉法修正案:全部已二读通过》(1934),《中央日报》11月29日,第3版。

《立法院昨三读会:全部刑法已通过,全文共计三百五十七条》(1934),《中央日报》11月2日,第2版。

《立法院昨日大会:续议妨害风化罪,犯强奸而杀被害人者处死刑,配偶通奸一条经激辩后删去》(1934),《中央日报》10月26日,第3版。

梁惠锦(1997):《民国二十三年妇女争取男女平等科刑之经过——以通奸罪为例》,《国史馆馆刊》第23期(2月),第143—168页。

林志君(1935):《刑法修正案之评价》,《民钟季刊》创刊号,第1—8页。

林宗芳(1933):《我国民法对于婚姻的规定》,《女子月刊》第1卷第10期,第118—124页。

《玲珑》(1931—1937),上海:华商三和公司出版部。

刘蘅静(1946):《婚姻复员》,《妇女月刊》第5卷第1期,第5—9页。

刘清波(1972):《养女、重婚、通奸之法律研究》,台北:商务印书馆。

刘世杰、刘亚林(1998):《离婚审判研究》,重庆:重庆大学出版社。

刘素萍主编(1989):《婚姻法学参考资料》,北京:中国人民大学出版社。

刘燡元、曾少俊、萧永任编(1929—1931):《民国法规集刊》(30册),上海:民智书局。

娄子匡(1979):《媵妾》,台北:东方文化书局。

罗鼎(1946):《亲属法纲要》,上海:大东书局。

吕丁旺(1986):《法院组织法论》,台北:三民书局。

吕燮华(1934):《妾在法律上的地位》,上海:政民出版社。

马超俊(1934):《谈刑法通奸罪》,《申报》11月18日,第9版。

马起(1956):《论婚姻制度与婚姻法》,《政法研究》第3期,第19—23页。

马雅清主编(2001):《新婚姻法条文精释》,北京:中国检察出版社。

马之骕(1981):《中国的婚俗》,台北:经世书局。

孟庆树(1950):《关于部分婚姻案件材料的初步研究》,载中央人民政府法制委员会编(1951)《婚姻问题参考资料汇编》,北京:人民出版社,第75—98页。

《民法继承亲属两编先决各点审查意见书》(1930),《妇女共鸣》第34期,第33—38页。

《民法适用亲属编建议》(出版日期不详),南京:司法院法官训练所。

《民国政府现行法规》(1929),上海:商务印书馆。

《纳妾蓄婢者不得为预备党员》(1930),《妇女共鸣》第29期,第39—40页。

倪茜芸(1920):《竞要提倡重婚吗?》,《新妇女》第4卷第5期,第12—13页。

彭时、余长资、张庆兴编(1936):《判解大全》,上海:神州国光社。

濮舜卿(1935):《妇女与法律知识》,《女青年月刊》第14卷第6期,第1—10页。

杞后(1934):《大家庭制与小家庭制》,《女子月刊》第2卷第2期,第1973—1978页。

钱如南(1922):《打破大家族制度》,《妇女杂志》第8卷第1期,第26页。

秦钧陶(1947):《我国现行的婚姻制度》,《时兆月报》第42卷第12期,第29—30页。

《青岛市台西区人民法院检查五年来处理离婚案件情况的报告(草稿)》(1960),《人民司法》第20期,第3—12页。

丘琅(1935):《婚姻法规论》,《民钟季刊》创刊号,第181—192页。

瞿曾泽(1934):《立法院修改刑法之过程》,《法轨期刊》第2期(6月20日),第21—24页。

阮昌锐(1989):《中国婚姻习俗之研究》,台北:台湾省立博物馆出版社。

锐之(1917):《原妾》,《妇女杂志》第3卷第5期,第1—2页。

陕西省地方志编纂委员会编(1994):《陕西省志:审判志》(第58卷),西安:陕西人民出版社。

上海第一特区地方法院,上海市档案馆藏。[引用时注明档案编号]

邵义(1917):《民律释义》,上海:中华书局。

《山西省单行法规汇编》(1919),地方法令编审委员会(出版地不详)。

社(谈社英)(1929):《重婚与纳妾》,《妇女共鸣》第6期,第1—2页。

社(谈社英)(1930):《妇运中之蓄婢问题》,《妇女共鸣》第25期,第2—4页。

社英(谈社英)(1929):《起草民法应注意之点》,《妇女共鸣》第1期,第11—16页。

社英(谈社英)(1930):《读制止纳妾蓄婢提案兴言》,《妇女共鸣》第29期,第3—5页。

施霖(1948):《民事诉讼法通义》,上海:会文堂新记书局。

施永南(1998):《纳妾纵横谈》,北京:中国世界语出版社。

史良(1950):《对婚姻法中一些问题的解答》,《新中国妇女》第11期,第10—12页。

《司法公报》(1938—1940),南京:司法委员会秘书厅总务科。

宋光、江振良(1958):《国民党伪"六法"的反动实质》,《法学》第2期,第17—22页。

《宋刑统》(1984[963]),吴翊如点校,北京:中华书局。

《诉讼上和解成立之要件》(1924),《法律评论》第53期,第52—53页。

[日]穗积陈重(1936):《法律进化论》,易家钺译,上海:商务

印书馆。

谈社英(1936):《中国妇女运动史》,台北:上海书店。

《唐律疏议》(1983),刘俊文点校,北京:中华书局。

陶果人(1931):《妇女运动者请注意这三件惨事!》,《妇女共鸣》第53期,第21—26页。

陶汇曾(1937):《民法亲属论》,上海:法学编译社。

陶毅、明欣(1994):《中国婚姻家庭制度史》,北京:东方出版社。

《通奸问题》(1934),《时报》11月14日。

王超然(1928):《妾的问题》,《妇女杂志》第14卷第3期,第24—25页。

王皞(1924):《论重婚罪认为即成犯之弊害》,《法律评论》第33/34期,第20—21页。

王乐民编(1934):《司法判牍式例汇编》,上海:世界书局。

王迺聪编(1951):《婚姻法问题解答汇编》,北京:文化供应社。

王绍玺(1995):《小妾史》,上海:上海文艺出版社。

王世杰(1926):《中国妾制与法律》,《现代评论》第4卷第91期,第3—7页。

王维桢、周孝庵编著(1936):《法律质疑汇刊》(第二集),上海:新闻报收发课。

王新宇(2006):《民国时期婚姻法近代化研究》,北京:中国法制出版社。

王中任(1933):《婚姻之法律观》,《新家庭》第1卷第12期,第66—109页。

《为通奸罪复议案:妇女团体扩大请愿》(1934),《申报》11月25日,第12版。

《无结婚证书可证为正室否?》(1933),《女声(上海1932)》第1卷第10期,第14—16页。

吴瑞书(1947):《民众法律常识》,上海:春明书店。

奚明(1924):《妻与妾》,《民国日报·妇女周报》第52期,第5页。

夏勤、胡长清(1927),《刑法分则:朝阳大学法律科讲义》(9册),北京:朝阳大学。

《新旧刑法择要》(1934),《玲珑》第4卷第35期,第2229—2230页。

辛拓、安耀光编(1951):《婚姻法问答》,保定:河北人民出版社。

《新中国妇女》(1950—1953)。

《刑案汇览》(1968[1886]),台北:文海出版社。

《刑法分则》(1927),北京:朝阳大学。

《刑法适用分则》(出版日期不详),南京:司法行政部法官训练所。

《刑法修正案余波:京妇女团体请愿修改,沪妇女届继起响应》(1934),《玲珑》第4卷第36期,第2304—2305页。

《刑法修正后引起本市妇女届反响》(1934),《申报》11月10日,第12版。

徐朝阳(1934):《中国亲属法溯源》,上海:商务印书馆。

徐思达(1932):《离婚法论》,天津:益世报馆。

徐志欣(1936):《婚姻法浅论》,上海:中华书局。

薛允升(1970[1905]):《读例存疑》(5卷),黄静嘉点校,台北:成文出版社。

杨鸿烈(1988):《中国法律发达史》(2册),台北:商务印书馆。

姚虞九(1934):《妾》,《法轨期刊》第2期(6月20日),第155—161页。

伊蔚(1934a):《别居,还是离婚?》,《女声(上海1932)》第3卷第2期,第1—2页。

伊蔚(1934b):《法律上的男女平等!》,《女声(上海1932)》第3卷第3期,第1页。

毅韬(1929):《新民法与妇女的关系:给妇女协会一个紧急的建议》,《妇女共鸣》第3期,第3—6页。

荫萱(1935):《写在新刑法施行时》,《女子月刊》第3卷第8期,第4637—4639页。

愚(1929):《司法院解释男女平权》,《妇女共鸣》第1期,第4—5页。

余榮昌(1933):《民法要论:亲属继承》,北平:朝阳学院。

俞钟骆(1934):《妇女与家制》,《女青年月刊》第13卷第4期,第31—36页。

郁懿华(1934):《辟维持现行刑法二五六条原文之说》,《女子月刊》第2卷第8期,第2641—2642页。

《元典章》(1990),北京:中国书店。

云(1936):《贞操问题之史的考察》,《女青年月刊》第15卷第3期,第15—21页。

云衣(1932):《恋爱、纳妾、卖淫》,《女声(上海1932)》第1卷第4期,第7—8页。

《再论通奸罪》(1934),《女子月刊》第2卷第12期,第3412—3415页。

曾友豪(1935):《婚姻法》,上海:商务印书馆。

张隽青(1936):《新刑法分则大纲》,上海:中华书局。

张绅(1936):《中国婚姻法综论》,上海:商务印书馆。

张虚白编(1932):《司法院解释婚姻问题汇编》,上海:上海法政学社。

张雪岩(1951):《关于苍溪等地发生妨害婚姻自由事件希各级人民法院注意检查的通报》,《川北政报》第2卷第18期(10月31日),第35—38页。

赵琛(1947):《刑法分则实用》(2册),上海:大东书局。

赵凤喈(1977[1928]):《中国妇女在法律上之地位》,上海:商务印书馆。

郑爱诹等(1932):《刑法集解》,上海:世界书局。

《直隶高等审判厅判牍集要》(1915,4册),天津:商务印书馆天津印刷局。

钟隐虎(1936):《现行刑法之时代性》,《民钟季刊》第2卷第1期,第152—159页。

《中国婚姻法资料汇编(内部参考)》(1981),北京:政法学院民法教研室。

《中华民国现行法规大全》(1934),上海:商务印书馆。

《中华民国刑法例解》(1929),上海:法政学社。

中华全国妇女联合会妇女运动史研究室编(1986):《中国妇女运动历史资料(1921—1927)》,北京:中国妇女出版社。

中华全国妇女联合会妇女运动史研究室编(1991a):《中国妇女运动历史资料(1927—1937)》,北京:中国妇女出版社。

中华全国妇女联合会妇女运动史研究室编(1991b):《中国妇女运动历史资料(1937—1945)》,北京:中国妇女出版社。

中华全国妇女联合会妇女运动史研究室编(1991c):《中国妇女运动历史资料(1945.10—1949.9)》,北京:中国妇女出版社。

《中华人民共和国婚姻法资料选编》(1983),武汉:财经学院法律系民法教研室。

《中华人民共和国民法参考资料》(1956—1957,3册),北京:中国人民大学。

《中华人民共和国民法资料汇编》(1954,2册),北京:中国人民大学。

中央人民政府法制委员会编(1950—1954):《中央人民政府法令汇编》(5册),北京:人民出版社。

中央人民政府法制委员会编(1950):《婚姻问题参考资料汇编》,北京:新华书店。

中央人民政府法制委员会编(1952):《婚姻法及其有关文件》,北京:人民出版社。

《中央日报》(1933—1935)。

中央执行委员会(1935):《关于入党后蓄婢纳妾之处分办法》,《中央党务月刊》第83期,第155页。

《重要法令及公文》(1928),《法律评论》第235—260期,第

8—16页。

周大年(1930):《畸形婚姻下的妾制》,《妇女杂志》第16卷第3期,第20—26页。

周家清(1964):《婚姻法讲话》,北京:中国青年出版社。

朱采真(1930):《中华民国刑法释义》,上海:大东书局。

朱方(1931):《民法亲属编详解》,上海:法政学社。

朱学曾(1924):《庶子于其母扶正后,是否取得嫡子之身份?》,《法律评论》第46期,第4页。

诸学方(1947):《怎样保障你的权益》,上海:纵横社。

祝瑞开(1999):《中国婚姻家庭史》,上海:学林出版社。

《最高法院年刊》(1941),南京:最高法院书纪记厅。

《最高法院判例要旨:中华民国16年至87年》(2001,2册),台北:最高法院判例要旨发行委员会。

《最高法院判例要旨:自16年至40年》(1954,2卷),台北:最高法院判例要旨发行委员会。

最高人民法院研究室编(1994):《中华人民共和国最高人民法院司法解释全集(1949.10—1993.6)》,北京:人民法院出版社。

## 二、英文类

Andors, Phyllis (安德思). 1983. *The Unfinished Revolution of Chinese Women*. Bloomington: Indiana University Press.

Barlow, Tani (白露). 1991. "Theorizing Woman: *Funu*, *Guojia*, *Jiating* (Chinese women, Chinese state, Chinese family)." *Genders* 10 (Spring): 132-160.

Barrett, David P. 2002. "Introduction: Occupied China and the Limits of Accommodation." In David P. Barrett and Larry Shyu (徐乃力), eds., *Chinese Collaboration with Japan, 1932-1945: The Limits of Accommodation*. Stanford, CA: Stanford University Press: 1-17.

Bernhardt, Kathryn (白凯). 1994. "Women and the Law: Divorce in the Republican Period." In Kathryn Bernhardt and Philip C. C. Huang, eds., *Civil Law in Qing and Republican China*. Stanford, CA: Stanford University Press: 187-214.

——. 1999. *Women and Property in China, 960-1949*. Stanford, CA: Stanford University Press. (中译本为[美]白凯:《中国的妇女与财产:960—1949》,桂林:广西师范大学出版社,2024)

Bodde, Derk, and Clarence Morris. 1973. *Law in Imperial China, Exemplified by 190 Ch'ing Dynasty Cases*. Philadelphia: University of Pennsylvania Press. (中译本为[美]卜德、克拉伦德·莫里斯:《中华帝国的法律》,朱勇译,北京:中信出版社,2016)

Bray, Francesca (白馥兰). 1997. *Technology and Gender: Fabrics of Power in Late Imperial China*. Berkeley: University of California Press.

Chang, C. H., Y. L. Liang, and John C. H. Wu. 1925. "Persons in Chinese Law." *China Law Review* 2.6 (Oct.): 257-279.

Chang Jung (张戎). 1991. *Wild Swans: Three Daughters of China*. New York: Anchor Books.

*China Handbook 1937-1944: A Comprehensive Survey of Major Developments in China in Seven Years of War*. 1944. Chongqing:

Chinese Ministry of Information.

*The Chinese Criminal Code*. 1928. Tr. Yu Tinn-Hugh（余天休）. Shanghai：International Publishing.

Chiu, Vermier Y. （赵冰）. 1966. *Marriage Laws and Customs of China*. Hong Kong：Chinese University of Hong Kong.

Chong, Denise（郑霭龄）. 1995. *The Concubine's Children*. New York：Viking.（中译本为[加]郑霭龄:《妾的儿女》,程亚克、孙成昊译,重庆:重庆出版社,2013）

*Chūgoku nōson kankō chōsa*（Investigations of customary practices in rural China）. 1952–1958. Comp. Chūgoku nōson kankō chōsa kankōkai. Ed. Niida Noboru（仁井田陞）. 6 vols. Tokyo：Iwanami.

Ch'u T'ung-tsu（瞿同祖）. 1961. *Law and Society in Traditional China*. Paris：Mouton.（中文本为瞿同祖:《中国法律与中国社会》,北京:商务印书馆,2017）

*The Civil Code of Japan*. 1934. Tr. W. J. Sebald. Kobe：J. L. Thompson.

*The Civil Code of the Republic of China*. [1930] 1976. Shanghai：Kelly and Walsh. Reprint. Arlington, VA：University Publications of America.

*Code of Criminal Procedure of the Republic of China*. 1930. Shanghai：Municipal Gaol Printing Department.

Cong, Xiaoping（丛小平）. 2007. *Teachers' Schools and the Making of the Modern Chinese Nation-State, 1897–1937*. Vancouver：University of British Columbia Press.（中译本为丛小平:《师范学校与

中国的现代化》,北京:商务印书馆,2014)

Constitution and Supplementary Laws and Documents of the Republic of China. 1924. Beijing: Commission on Extraterritoriality.

Cowden, Charlotte (高欣立). 2012. "Wedding Culture in 1930s Shanghai: Consumerism, Ritual, and the Municipality." *Frontiers of History in China* 7.1 (March): 61–89.

Davin, Delia. 1976. *Woman-Work: Women and the Party in Revolutionary China*. Oxford: Clarendon Press.

Diamant, Neil (戴茂功). 2000a. "Re-Examining the Impact of the 1950 Marriage Law: State Improvisation, Local Initiative and Rural Family Change." *China Quarterly* 161 (March): 171–198.

——. 2000b. *Revolutionizing the Family: Politics, Love, and Divorce in Urban and Rural China, 1949–1968*. Berkeley: University of California Press.

——. 2001. "Making Love 'Legible' in China: Politics and Society during the Enforcement of Civil Marriage Registration, 1950–1966." *Politics and Society* 29.3 (Sept.): 447–480.

Dikötter, Frank (冯客). 1995. *Sex, Culture and Modernity in China: Medical Science and the Construction of Sexual Identities in the Early Republican Period*. London: Hurst.

——. 2008. *The Age of Openness*. Berkeley: University of California.

Ebrey, Patricia Buckley (伊沛霞). 1986. "Concubines in Song China." *Journal of Family History* 11.1: 1–24.

——. 1993. *The Inner Quarters: Marriage and the Lives of Chinese*

*Women in the Sung Period*. Berkeley：University of California Press. (中译本为[美]伊沛霞:《内闱:宋代妇女的婚姻和生活》,胡志宏译,南京:江苏人民出版社,2018)

Edwards, Louise（李木兰）. 2008. *Gender, Politics, and Democracy：Women's Suffrage in China*. Stanford, CA：Stanford University Press. (中译本为[澳]李木兰:《性别、政治与民主:近代中国的妇女参政》,方小平译,南京:江苏人民出版社,2014)

Escarra, Jean. 1961. *Chinese Law*. Tr. from French by Gertrude R. Browne. Seattle：University of Washington Press.

Evans, Harriet（艾华）. 1995. "Defining Difference：The 'Scientific' Construction of Sexuality and Gender in the People's Republic of China." *Signs* 20.2（Winter）：357-394.

——. 1997.*Women and Sexuality in China：Female Sexuality and Gender since 1949*. New York：Continuum.

Feng Han-yi（冯汉骥）, and J. K. Shryock（施瑞奥克）. 1950. "Marriage Customs in the Vicinity of I-ch'ang." *Harvard Journal of Asiatic Studies* 13.3-13.4（Dec.）：362-430.

*The French Civil Code*. 1930. Revised ed. Tr. Henry Cachard. New York：Baker, Voorhis.

Fung, Edmund S. K（冯兆基）. 2000. *In Search of Chinese Democracy*. New York：Cambridge University Press.(中译本为[澳]冯兆基:《寻求中国民主》,刘悦斌、徐砚译,南京:江苏人民出版社,2012)。

*The German Civil Code*. 1907. Tr. and annotated, with a Historical

Introduction and Appendixes, by Chung Hui Wang [Wang Chonghui] (王宠惠). London: Stevens and Sons.

Gilmartin, Christina K. (柯临清). 1995. *Engendering the Chinese Revolution: Radical Women, Communist Politics, and Mass Movements.* Berkeley: University of California Press.

Gilpatrick, Meredith P. 1950. "The Status of Law and Lawmaking Procedure under the Kuo-mintang, 1925-1946." *Far Eastern Quarterly* 10.1 (Nov.): 38-55.

Glosser, Susan L. (葛思珊). 2003. *Chinese Visions of Family and State, 1915-1953.* Berkeley: University of California Press.

Guo Songyi. 1996. "A Special Form of Chinese Marriage: The Taking of Concubines in the Qing Dynasty." Paper presented at the Conference on Asian Population History. Taibei, Taiwan.

Hershatter, Gail (贺萧). 1994. "Modernizing Sex, Sexing Modernity: Prostitution in Early-Twentieth-Century Shanghai." In Christina K. Gilmartin (柯临清), Gail Hershatter, Lisa Rofel (罗丽莎), and Tyrene White, eds., *Engendering China: Women, Culture, and the State.* Cambridge: Harvard University Press: 147-174.

——. 1997. *Dangerous Pleasures: Prostitution and Modernity in Twentieth-Century Shanghai.* Berkeley: University of California Press. (中译本为[美]贺萧:《危险的愉悦:20世纪上海的娼妓问题与现代性》,韩敏中、盛宁译,南京:江苏人民出版社,2022)

Hsieh, Bao Hua [Sheieh, Bau Hwa] (谢宝华). 1993. "The Acquisition of Concubines in China, 14-17th Centuries." *Jindai*

*Zhongguo fu nüshi yanjiu*（Research on women in modern Chinese history）1（June）：125-200.

———. 2008. "The Market in Concubines in Jiangnan during Ming-Qing China." *Journal of Family History* 33.3（July）：262-290.

———. 2014. *Concubinage and Servitude in Late Imperial China*. London：Lexington Books.

Huang, Philip C. C.（黄宗智）. 1985. *The Peasant Economy and Social Change in North China*. Stanford, CA：Stanford University Press.（中译本为[美]黄宗智：《华北的小农经济与社会变迁》，桂林：广西师范大学出版社，2023）

———. 1993. "Between Informal Mediation and Formal Adjudication：The Third Realm of Qing Justice." *Modern China* 19.3（July）：251-298.

———. 1996. *Civil Justice in China：Representation and Practice in the Qing*. Stanford, CA：Stanford University Press.（中译本为[美]黄宗智：《清代的法律、社会与文化：民法的表达与实践》，桂林：广西师范大学出版社，2024）

———. 2001. *Code, Custom, and Legal Practice in China：The Qing and the Republic Compared*. Stanford, CA：Stanford University Press.（中译本为[美]黄宗智：《法典、习俗与司法实践：清代与民国的比较》，桂林：广西师范大学出版社，2024）

———. 2010. *Chinese Civil Justice, Past and Present*. Lanham, MD：Rowman & Littlefield.（中译本为[美]黄宗智：《过去和现在：中国民事法律实践的探索》，北京：法律出版社，2014）

Huang, Philip C. C., and Kathryn Bernhardt, eds. 2014. *Research from Archival Case Records: Law, Society, and Culture in China*. Leiden, The Netherlands: Brill.

Hung, William S. H. (洪业). [1934] 1966. *Outlines of Modern Chinese Law*. Shanghai: Kelly and Walsh.

Jaschok, Maria. 1988. *Concubines and Bondservants: A Social History*. London: Zed Books.

Johnson, Kay Ann. 1983. *Women, the Family, and Peasant Revolution in China*. Chicago: University of Chicago Press.

Jones, William C. (钟威廉). 1994. *The Great Qing Code*. Tianquan Cheng and Yongling Jiang, asst. Oxford: Clarendon Press.

Katkov, Neil Ennis. 1997. "The Domestication of Concubinage in Imperial China." PhD dissertation, Harvard University.

Kennedy, D. 2001. "Legal Formalism." In Neil J. Smelser (史美舍) and Paul B. Baltes, eds., *Encyclopedia of the Social and Behavioral Sciences*. New York: Elsevier: 8634-8638.

Ko, Dorothy (高彦颐). 1994. *Teachers of the Inner Chambers: Women and Culture in Seventeenth-Century China*. Stanford, CA: Stanford University Press.(中译本为[美]高彦颐:《闺塾师:明末清初江南的才女文化》,李志生译,南京:江苏人民出版社,2022)

——. 2001. *Every Step a Lotus: Shoes for Bound Feet*. Berkeley: University of California Press.(中译本为[美]高彦颐:《缠足:"金莲崇拜"盛极而衰的演变》,苗延威译,南京:江苏人民出版社,2022)

Kuo, Margaret (郭贞娣). 2012. *Intolerable Cruelty: Marriage,*

Law, and Society in Early-Twentieth-Century China. Lanham, MD: Rowman & Littlefield.

Levi, Werner. 1945. "The Family in Modern Chinese Law." *Far Eastern Quarterly* 4.3（May）: 263-273.

*Li Chi: Book of Rites.*(《礼记》) 1967. Tr. James Legge (理雅各). 2 vols. New Hyde Park, NY: University Books.

Lin Yutang (林语堂). 1939. *Moment in Peking: A Novel of Contemporary Chinese Life.* New York: J. Day. (中译本为林语堂:《京华烟云》,张振玉译,西安:陕西师范大学出版社,2005)

Ling, Su-hua [Ling, Shuhua] (凌叔华). 1953. *Ancient Melodies.* London: Hogarth Press.(中译本为凌叔华:《古韵》,傅光明译,天津:天津人民出版社,2011)

Liu, Francis S. 1935. "Adultery as Crime in China." *China Law Review* 8.3-8.4（Feb.): 144-147.

Liu, Lydia H. (刘禾). 1995. *Translingual Practice: Literature, National Culture, and Translated Modernity—China, 1900-1937.* Stanford, CA: Stanford University Press.(中译本为刘禾:《跨语际实践——文学、民族文化与被译介的现代性(中国,1900—1937)》,宋伟杰等译,北京:生活·读书·新知三联书店,2002)

——. 2004. *The Clash of Empires: The Invention of China in Modern World Making.* Cambridge, MA: Harvard University Press.(中译本为刘禾:《帝国的话语政治:从近代中西冲突看现代世界秩序的形成》,杨立华译,北京:生活.读书.新知三联书店,2009)

Lubman, Stanley B. (陆思礼) 1999. *Bird in a Cage: Legal*

*Reform in China after Mao*. Stanford, CA: Stanford University Press.

McMahon, Keith（马克梦）. 2009. *Polygamy and Sublime Passion: Sexuality in China on the Verge of Modernity*. Honolulu: University of Hawaii Press.

Mann, Susan（曼素恩）. 1987. "Widows in the Kinship, Class, and Community Structures of Qing Dynasty China." *Journal of Asian Studies* 46.1（Feb.）: 37-56.

——. 1991. "Grooming a Daughter for Marriage." In Rubie S. Watson（华若璧）and Patricia Buckley Ebrey（伊沛霞）, eds., *Marriage and Inequality in Chinese Society*. Berkeley: University of California Press: 204-229.

——. 1997. *Precious Records: Women in China's Long Eighteenth Century*. Stanford, CA: Stanford University Press.（中译本为[美]曼素恩:《缀珍录——18世纪及其前后的中国妇女》,定宜庄、颜宜葳译,南京:江苏人民出版社,2022）

Meijer, Marinus J.（马里纳斯·梅杰）. 1971. *Marriage Law and Policy in the Chinese People's Republic*. Hong Kong: Hong Kong University Press.

*Meiroku Zasshi: Journal of the Japanese Enlightenment*（《明六杂志》）. 1976. Tr. William Reynolds Braisted. Cambridge, MA: Harvard University Press.

Michael, Franz. 1962. "The Role of Law in Traditional, Nationalist and Communist China." *China Quarterly* 9（Jan.-Mar.）: 124-148.

Neighbors, Jennifer M. (胡宗绮). 2009. "The Long Arm of Qing Law? Qing Dynasty Homicide Rulings in Republican Courts." *Modern China* 35.1 (Jan.): 3–37.

Orliski, Constance (欧康妮). 1998. "Reimaging the Domestic Sphere: Bourgeois Nationalism and Gender in Shanghai, 1904–1918." University of Southern California, PhD dissertation.

Peerenboom, Randall (裴文睿). 2002. *China's Long March toward Rule of Law*. West Nyack, NY: Cambridge University Press.

*The Provisional Criminal Code of the Republic of China*. 1923. Beijing: Commission on Extraterritoriality.

"The Revised Criminal Code of the Republic of China." 1935–1936. *China Law Review* 8.1 (May 1935): 41–59; 8.2 (Aug. 1935): 143–151; 8.3 (Nov. 1935): 209–222; 8.4 (Feb. 1936): 283–290.

Riasanovsky, V. A. 1927. *The Modern Civil Law of China*. Part 1. Harbin: Zaria.

——. [1938] 1976.*Chinese Civil Law*. Part 1. Reprint. Arlington, VA: University Publications of America.

"Rules for the Application of Laws." 1922. Tr. Ministry of Justice. *China Law Review* 1.2 (July): 59–63.

Sheng, Robert C. W. (盛振为). 1935. "Revised Penal Code of China." *China Law Review* 8.3–8.4 (Feb.): 137–143.

Sommer, Matthew H. (苏成捷). 1996. "The Uses of Chastity: Sex, Law, and the Property of Widows in Qing China." *Late Imperial China* 17.6 (Dec.): 77–130.

——. 2000. *Sex, Law, and Society in Late Imperial China*. Stanford, CA: Stanford University Press.(中译本为[美]苏成捷:《中华帝国晚期的性、法律与社会》,谢美裕、尤陈俊译,桂林:广西师范大学出版社,2023)

Stacey, Judith. 1983. *Patriarchy and Socialist Revolution in China*. Berkeley: University of California Press.

Stockard, Janice. 1989. *Daughters of the Canton Delta: Marriage Patterns and Economic Strategies in South China, 1860－1930*. Stanford, CA: Stanford University Press.

Strand, David（史谦德）. 1993. *Rickshaw Beijing: City People and Politics in the 1920s*. Berkeley: University of California Press.(中译本为[美]史谦德:《北京的人力车夫:1920年代的市民与政治》,袁剑、周书垚、周育民译,南京:江苏人民出版社,2021)

Théry, François. 1936. *Interprétations du Yuan Judiciaire en Matière Civile, 1929－1935*（Interpretations of the Judicial Yuan in civil matters, 1929-1935）. Tientsin: Hautes E'tudes.

Tran, Lisa（陈美凤）. 2009a. "The Concubine in Republican China: Social Perception and Legal Construction." *Etudes Chinoises* 28: 119-150.

——. 2009b. "Sex and Equality in Republican China: The Debate over the Adultery Law." *Modern China* 35.2（March）: 191-223.

——. 2011. "Adultery, Bigamy, and Conjugal Fidelity: The ABCs of Monogamy in Republican China." *Twentieth-Century China* 36.2（May）: 99-118.

——. 2014. "Ceremony and the Definition of Marriage under Republican Law." In Philip C. C. Huang and Kathryn Bernhardt, eds. , *Research from Archival Case Records: Law, Society, and Culture in China*. Leiden, The Netherlands: Brill: 345-373. (中译文为[美]陈美凤:《从妾到妻:国民党民法之婚礼要求的未预后果》,载[美]黄宗智、尤陈俊编《从诉讼档案出发:中国的法律、社会与文化》,北京:法律出版社,2008,第 321—350 页)

van der Valk, Marc. 1936. "The New Chinese Criminal Code." *Pacific Affairs* 9.1 (Mar.): 69-77.

——. 1938. "The Revolution in Chinese Legal Thought." *Pacific Affairs* 11.1 (Mar.): 66-80.

——. [1939] 1969. *An Outline of Modern Chinese Family Law*. Peking: Henri Vetch. Reprint. Taipei: Ch'eng-wen Publishing.

——. 1957. "The Registration of Marriage in Communist China." *Monumenta Serica* 16.1-16.2: 347-359.

——. 1968. *Interpretations of the Supreme Court at Peking: Years 1915 and 1916*. Taipei: Ch'engwen Publishing.

VanderVen, Elizabeth R. (樊德雯). 2012. *A School in Every Village: Educational Reform in a Northeast China County, 1904-1931*. Vancouver: University of British Columbia Press.

Waltner, Ann (王安). 1996. "Kinship between the Lines: The Patriline, the Concubine and the Adopted Son in Late Imperial China." In Mary Jo Maynes, Ann Waltner, Birgitte Soland, and Ulrike Strasser, eds., *Gender, Kinship, Power: A Comparative and*

*Interdisciplinary History*. New York: Routledge: 67-78.

Wang Zheng（王政）. 1999. *Women in the Chinese Enlightenment: Oral and Textual Histories*. Berkeley: University of California Press.

Watson, Rubie S.（华若璧）. 1991. "Wives, Concubines, and Maids: Servitude and Kinship in the Hong Kong Region, 1900-1940." In Rubie S. Watson and Patricia Buckley Ebrey, eds., *Marriage and Inequality in Chinese Society*. Berkeley: University of California Press: 231-255.

Watson, Rubie S., and Patricia Buckley Ebrey, eds. 1991. *Marriage and Inequality in Chinese Society*. Berkeley: University of California Press.

Wolf, Arthur P.（武雅士）, and Chieh-shan Huang（黄介山）. 1980. *Marriage and Adoption in China, 1845-1945*. Stanford, CA: Stanford University Press.

Wolf, Margery（卢蕙馨）. 1972. *Women and the Family in Rural Taiwan*. Stanford, CA: Stanford University Press.

———. 1985. *Revolution Postponed: Women in Contemporary China*. Stanford, CA: Stanford University Press.

Xu Xiaoqun（徐小群）. 2008. *Trial of Modernity: Judicial Reform in Early Twentieth-Century China, 1901-1937*. Stanford, CA: Stanford University Press.（中译本为[美]徐小群:《现代性的磨难:20世纪初期中国的司法改革(1901—1937)》,杨明、冯申译,北京:中国大百科全书出版社,2018）

Yeung, Sau-chu Alison（杨秀珠）. 2003. "Fornication in the Late

Qing Legal Reforms: Moral Teachings and Legal Principles." *Modern China* 29.3 (July): 297-328.

*Zhonghua minguo xingfa* (The criminal code of the Republic of China). English title: *The Chinese Criminal Code and Special Criminal and Administrative Laws*. 1935. Bilingual edition. Tr. Legal Department of the Shanghai Municipal Council. Shanghai: Commercial Press.

*Zhonghua minguo xingshi susongfa* (The code of criminal procedure of the Republic of China). 1936. Tr. Legal Department of the Shanghai Municipal Council. Shanghai: Commercial Press.

# 译后记

女性社会地位和权利的发展演变,是妇女史研究的重要议题。西方的妇女史研究学者特别关注传统中国社会中妇女的主体性和自主性问题。处于家庭底层的妾,经常被视为传统中国社会女性地位低下、缺乏自主性的象征。从20世纪初开始,随着一夫一妻制和男女平等原则的引入,转型中的中国法律从表达上颠覆了妾在帝制时代的法律地位,但法律实践中纳妾的含义、妾的地位和权利模糊起来。民国早期、国民党和中国共产党的法律接纳了基本相同的立法原则,但采用了不同的法律方法,导致纳妾的含义发生了从通奸到重婚的演变,妾的法律地位和权利也随之发生巨大变化。陈美凤教授正是着眼于其中的争议问题与理念冲突,结合档案中的法庭实践,从法律史与妇女史的交叉点,探索了20世纪上半叶中国婚姻和家庭的变革。

本书脱胎于陈美凤教授在加利福尼亚大学洛杉矶校区历史系的博士学位论文,其中第六、七章的部分内容曾单独成文,由朱腾翻译，以《从妾到妻：国民党民法之婚礼要求的未预后果》为题，刊载于法律出版社2008年出版的《从诉讼档案出发：中国的法律、社会与文化》一书。2015年，刚刚步入硕士阶段的我，因关注历史社会法学的研究方法而首次阅读了这篇文章，其突出的问题意识和案例分析，给我留下了深刻的印象。也正是2015年，本书英文版问世，但我于2017年才阅读到全书，当时完全没有预料到自己会有机会将其译成中文出版。

翻译的机缘始于2022年冬，彼时的我刚在半年前经历了难以言说的博士毕业，成为在教学和科研工作中迷茫挣扎的新晋"青椒"，一时间还无法投入全部精力修改撰写自己的专著，便在和黄宗智老师聊天时提出想翻译一本书作为过渡。正如苏成捷教授所言，黄宗智教授是所有研究生能够遇到的最好的指导教授。在得知我的意向后，黄老师认真思考后提出两本书供我选择，其中就有陈美凤教授的这本专著。兜兜转转七年间，我从读者成为译者，也如愿走上了自己认同并向往的学术道路。所有这一切，都要感谢黄宗智老师的成全与包容。

翻译的过程没有想象中的顺利，可谓个中蹉磨难以名状。最终能够顺利完成，全赖众多师友的帮助和支持。陈美凤教授给予了我完全的信任，不厌其烦地为我寻找她使用过的档案复印件以供核对细节，并应我要求在百忙之中撰写了中文版序。白凯教授从弃置不用的旧电脑中找出了曾为本书英文版撰写的详尽的学术评审意见，以及英文版问世后的所有相关书评。黄宗智教授则在每周的视频聊天时源源不断地给我鼓励和点拨。广西师范大学出版社社科分社的刘隆进社长和王佳睿编辑为本书的版权和编辑策划工作做出了巨大贡献。在本书即将付梓之际，谨此向他们致以最诚挚的感谢！

  第一次翻译学术专著对我来说是个挑战，其中必定有太多不足之处，一切翻译上的疏失当由我负责。另需说明的是，中文版沿用了与英文原著同样的引证方式，其中作者引用的中文资料以中文作者名或文献名标识，引用英文资料处则沿用英文标识。

赵珊

2024年2月于天津